保険 と 金融 から学ぶ

リスク
マネジメント

岡田 太／茶野 努／平澤 敦 著

Okada Futoshi
Chano Tsutomu
Hirasawa Atsushi

Insurance &
Financial Risk Management

中央経済社

は じ め に

　本書は，リスクマネジメントと保険をはじめて学ぶ学生さんが，その全体像を鳥瞰できるような内容構成になっています。共著者の3名が，たまたま会食した際に「拾い読みできるような入門書があればなあ」と呟いていたところ，であればリスクマネジメントと保険の基本中の基本を本にして出版しようということで意見が一致しました。それぞれが執筆を開始し，無事に発刊できる運びとなりました。

　リスクマネジメントと保険は日常生活，企業活動においても必要不可欠なものになっています。しかし，「リスク」という言葉については，保険の世界で用いられる「危険」すなわち，望ましくないものという意味で思い浮かべることが多いのではないでしょうか。他方，今日の統合リスク管理（ERM）においては，リスクは期待されていた状態からの乖離，すなわちマイナスのみならずプラスも含むものと解されています。

　リスクマネジメントは，問題解決の重要な手法であり，その枠組みはきわめて普遍的な思考法にもとづいています。それではなぜリスクマネジメントがアメリカで誕生したのでしょうか。それは企業活動の大規模化すなわち大企業体制が最も早く展開したのがアメリカだったからだと考えられます。大企業では所有と経営の分離が進み，専門経営者による高度な経営が行われますが，一方で企業活動は多様化・複雑化しリスクは増大します。そしてアメリカでは，1929年の大恐慌の発生をきっかけに，企業の保険に関する費用がリスクコストの問題として表面化しました。当時，定量評価可能なリスクの大部分が保険リスクだったため，企業のリスクマネジメントは保険（管理）から始まったと推察しています。

　その後，リスクの計量化が著しく進展したのは，金融（財務）分野です。デリバティブをはじめ多様なリスク管理ツールが開発されています。そして，現在では保険リスクや金融リスクなどを統合的に管理する統合リスク管理（ERM）へと発展しています。供給者サイドに目を向けると，保険会社や銀行などの金融機関は，みずからリスクマネジメントを行うとともに，多くのリスク管理ツールを

顧客に提供します。企業のリスクマネジメントも「危機管理」や「事業継続計画（BCP）」など，特定のテーマにフォーカスし，多様化・細分化が進んでいます。

　本書は，これらのテーマをキーワード形式で学びますが，保険リスクと金融リスクおよびこれらの管理ツールの基本が広くカバーされている類書は，あまりみかけません。保険と金融は，別々に取り扱われることのほうが多いです。しかし，リスクマネジメントの枠組みのもとで両方のリスクを学習することが大切です。たとえば，近年，自然災害時に返済の一部を免除する特約の付いた住宅ローンを提供する銀行があります。保険という名称はありませんが，保険機能が備わった融資です。保険を学習すれば，この金融商品のポイントを容易に理解できるでしょう。一方で，保険会社は天候デリバティブや地震デリバティブを取り扱っています。保険を学ぶ人もデリバティブの知識が必要です。

　また，授業中の質問を対話形式にした"After Class"を設けました。ソクラテスの時代より対話は問題意識を深める有効な手段です。自分でさらに深堀りするための思考実験の参考としてください。

　本書の構成は，共通する専門領域と異なる専門領域を持つ3人のアンサンブルから偶然生まれましたが，現代の多様なリスクマネジメントにおける1つのスタンダードになるかもしれません。新たな試みが成功するかどうか見守りたいと思います。

　学生の皆さんにとって，保険やリスクマネジメントはまだ必要ないものかもしれませんが，近い将来必ずそれらの知識が必要となる場面が訪れるはずです。また，リスクマネジメントや保険のことに詳しくない社会人にとっても本書は有用だと確信しています。まずは，本書を通じて初歩的知識を習得していただければ幸いです。

　本書刊行にあたっては，茶野ゼミの伊藤貴大さん，稲垣勇羽さん，原美寿々さん，平澤ゼミの小林愛華さん，弓削亮太さんの助力を得ました。ありがとう。

　最後に，本書の出版を，快くお引き受けいただいたうえに，再三にわたり原稿に的確なコメントを寄せていただいた中央経済社の浜田匡様に，衷心より御礼を申し上げます。

"A book is a device to ignite the imagination," (Alan Bennett 1943-)

　本書がリスクマネジメントや保険の世界に少しでも興味を抱いていただける
きっかけとなれば，著者一同望外の喜びです。

　令和6年3月

岡田　太
茶野　努
平澤　敦

目　　次

第Ⅱ部　金融リスクマネジメント

略語表

AAA American Accounting Association（アメリカ会計学会：1916年設立。設立時の名称は American Association of University Instructors in Accounting であり，1936年に AAA に改称）

AICPA American Institute of Certified Public Accountants（アメリカ公認会計士協会：1887年設立）

ART Alternative Risk Transfer（代替的リスク移転）

BCM Business Continuity Management（事業継続管理）

BCP Business Continuity Plan（事業継続計画）

COSO Committee of Sponsoring Organizations of the Treadway Commission（トレッドウェイ委員会組織委員会：1985年設立。）

COVID-19 Coronavirus disease 2019

ERM Enterprise Risk Management（統合リスク管理）

FEI Financial Executive Institute（財務担当経営者協会：1931年設立。なお設立時の名称は The Controllers Institute of America。その後1962年に FEI と改称。2000年に Financial Executives International と改称）

FEMA Federal Emergency Management Agency（連邦緊急事態管理庁：1979年設立）

IIA The Institute of Internal Auditors（内部監査人協会：1941年設立。）

ISO International Standard Organization（国際標準化機構：1947年設立）

NAA National Association of Accountants（アメリカ会計人協会：1919年設立。設立時の名称は，National Association of Cost Accountants（NACA）。その後，1957年に NAA と改称。1991年に Institute of Management Accountants（IMA）と改称）。

PDCA Plan（計画する）・Do（実行する）・Check（評価する）・Act（改善する）

PwC Pricewaterhouse Coopers（1849年設立；現名称に1998年変更）

序章

リスクマネジメント概論

リスクマネジメントとは何か

　個人（社会）生活・企業活動においては，ベネフィットとリスクが表裏一体をなしています。たとえば，家庭生活では，車や家を買うことは，望ましいことである一方で，交通事故や火災などのリスクにさらされます。企業活動では，海外での販売や新しいエネルギー開発によるビジネスチャンスがある一方，為替リスクや環境リスクといったリスクを同時に考慮しなければなりません，このようなリスクに対処する方法を間違えると多大な損害・損失をもたらす場合もあります。したがって，リスクに対するコストをふまえて，できる限り適切にリスクをマネジメントしなくてはなりません。

　企業におけるリスクマネジメントとは，リスク（危険）に対して合理的な対処をすることで，個人の存続，企業組織の価値向上ならびに持続的発展に寄与する管理手法を意味します。リスクマネジメントも企業におけるマネジメント活動の１つですから，その実効性を向上させるためには，他のプロジェクトと同様に，継続的改善を前提とした PDCA サイクルにもとづいて行うことが推奨されます。

　昨今の急速な環境の変化に伴い，企業を取り巻くリスクは多種・複雑化しています。リスクマネジメント性を実行する際には，まず組織が置かれている状況を把握したうえで，基本方針・計画を策定します。この際にリスクアセスメント—リスクの特定（risk identification），リスク分析（risk analysis），リスク評価（risk evaluation）を実施し，細分化したリスクに対する対策を練っていきます。リスク評価には定性的・定量的手法のいずれもが用いられます。続いて対応策を実施し，そのモニタリングを行い，改善すべき点を次回のプランに反映させます。

　このようにリスクマネジメントにおいて PDCA サイクルを活用させることによって，リスクマネジメント活動が進化・深化し，その精度が向上して，効果を維持していくことが可能となります。

　リスクマネジメントは，企業経営にとって欠かせない要素となっています。

図表1 PDCA サイクルに則ったリスクマネジメントプロセス

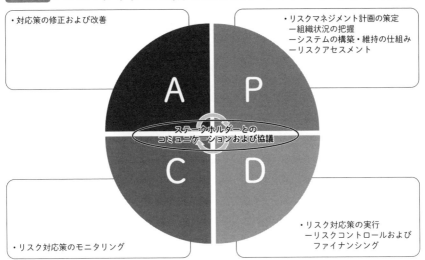

・対応策の修正および改善

・リスクマネジメント計画の策定
　ー組織状況の把握
　ーシステムの構築・維持の仕組み
　ーリスクアセスメント

ステークホルダーとの
コミュニケーションおよび協議

・リスク対応策のモニタリング

・リスク対応策の実行
　ーリスクコントロールおよび
　　ファイナンシング

リスクマネジメントを実施するためには，PDCA サイクルの考え方が必要です。PDCA に基づいてリスクマネジメントを行うことで，その実効性が向上します。

2 リスクとは何か

　リスクとはどういう意味ですか？　と問われると，真っ先に思い浮かぶのは，望ましくないことや危ないことがおきることなどではないでしょうか。より専門的にいえば，これは損害・損失の発生可能性を意味する純粋危険（pure risk）であり，この場合には，リスク＝危険となります。しかし，リスクは，危険という意味に限定されるわけではありません。リスクの語源については諸説ありますが，イタリア語の risicare に由来するともいわれています。これは危険を冒す，冒険する，あえて～するといった挑戦的な意味も含まれています。また，run into danger，navigate among cliffs などといった語源的意味ももち合わせています。このように何かに挑戦するという背後にはリスクも隠れていますが，その結果はプラス・マイナスのいずれも考えられます。

　たとえば，ある企業が新商品を開発したにもかかわらず，売れ行きが芳しくなく，当初予定していた利益が見込まれない場合もあります。もちろん，新商品を市場に投入することで，利益拡大を見込んでいるわけですが，期待通りに新商品が売れるとは限りません。逆に，予想外の売れ行きになるかもしれません。期待された状態からの結果は不確かです。このような事業機会などに関連する場合には，投機的リスク（speculative risk）とも呼ばれ，リスク＝結果の不確実性≠危険となります。参考までに投資の世界では，リスク＝リターンの不確実性です。

　企業リスクマネジメントの対象となるリスクは，このように，損害・損失可能性という意味でのリスク，すなわち危険と，事業戦略リスクのような企業の経営活動における結果の不確実性という意味でのリスクのいずれもが対象となります。後述するように，ERM では，リスクをプラスとマイナスのいずれをも考えて広くとらえていることに注意が必要です。

図表2　企業リスクマネジメントにおけるリスクの捉え方

プラスの影響 ↑ ─────── マイナスの影響 ↓　リスク	プラスの影響 ─────── マイナスの影響 ↓　リスク	プラスの影響 ↑　機会など ─────── マイナスの影響 ↓　リスク
プラスの影響，マイナスの影響どちらも与えるものである	マイナスに影響をするもののみを言い，プラスの影響は視野に入れない	マイナスに影響をするもののみを言い，プラスに影響するものに別の名前をつける
財務関連のリスクや戦略リスクなど，1つの行為がプラス・マイナス両方の結果を生む可能性のあるものが対象である場合考えやすい定義	いわゆるハザード関連のリスクに使われる定義であり，従来より広く使われている。 ただしリターンを増大させるために積極的にリスクテイクする，といった活動に結びつきにくいきらいがある	従来のマイナス方向の影響のみという定義を踏襲しつつ，同時にプラスの影響についても視野に入れ，双方をコントロールすることを前提とする

【出典】　経済産業省経済産業政策局産業資金課（2005）『先進企業から学ぶ事業リスクマネジメント実践テキスト』経済産業調査会

【広がるリスクの概念】
伝統的なリスクマネジメントでは，リスクはマイナスのみを発生させるリスクを想定していました。すなわち，リスク＝損害や事故発生の可能性です。しかし，今日のERMに代表されるようなリスクマネジメントにおいては，リスクを戦略リスクや投機的リスクのように，リスクをとった結果，利益または損失（gain or loss）のいずれをももたらすものと解しています。すなわち，企業活動における結果の不確実性です。

3 リスク・ハザード・ペリル・ロス

　リスク（危険）に類似する概念として，ハザード（hazard），ペリル（peril）といった用語が散見されます。これらは危険を表す点では，類似していますが，厳密には使い分けられていますので，混同しないようにしてください。

　ハザードは，危険性，危害要因，危険事情や損害・損失の発生要因ないしは拡大要因といった意味で用いられています。水たまりのことを英語で water hazard といいます。水たまりが存在するだけでは，損害は発生しませんが，水たまりがあることによって，損害が生じる可能性が高まります。そのほか，災害リスクをハザード，曝露，脆弱性の組み合わせと解する場合もあります。

　かつて保険の分野では，ハザードはモラルハザード（moral hazard：保険金詐欺などのように意図的に事故を招致する現象で，モラルリスクともいわれます）とモラールハザード（morale hazard：不注意やミスによって結果的に事故率が上昇してしまう現象のこと）に分類されました。

　ペリルは，危険という意味の他に，危険事故などの事故そのものを意味する場合もあります。たとえば，保険でカバーされる危険を insured peril（担保危険・保険事故）と称します。

　たとえば，ブレーキに欠陥のある車を運転して，他の車に衝突して損害を与えたことを想定してみましょう。車を運転すること自体，車の機関不良に関係なく，交通事故に遭うことや損害賠償責任を負うことの可能性があるため，車の運転にはリスクが伴います。ブレーキ不良があれば，きちんと整備された車と比較して，事故を引き起す可能性が高くなるといえるので，ブレーキ不良はハザードとなります。車の運転中に人をはねてケガを負わせたり，他人の車にぶつけて損害を与えたりする事故は，損害（loss）の原因となる事故なのでペリルとなります。

図表3 リスク・ハザード・ペリル・ロスの相違および関係

Risk	車を運転すること 人をはねれば損害賠償責任を負担する可能性など

⬇

Hazard	整備不良・標識の有無・スピード超過など

⬇

Peril	衝突事故・人身事故など

⬇

Loss	車両損害・人命の喪失・逸失利益など

【リスク（危険）の類似概念】
IRMI（International Risk Management Institute）が発行している Glossary of Insurance and Risk Management Terms によると
Risk：Risk refers to the uncertainty arising from the possible occurrence of given events.
Hazard：A hazard is a condition that increases the probability of loss.
Peril：A peril is a cause of loss – for example, fire, windstorm, collision.
Loss：A loss is the basis of a claim for damages under the terms of a policy.
と記されています。英語の勉強を兼ねてぜひ訳してみてください！

4 個人のリスク認知と企業など のリスク評価

　リスクマネジメントは，主として企業がリスクに対応・対処するための手法ですが，一般市民（消費者）もリスクに対して何らかの対応をとらなければなりません。ただし，想定するリスクは，「（家庭）生活」と「企業活動」では異なります。たとえば，保険の側面からみても，リスクに対する保険商品のラインアップは名称こそ同じものがあるとはいえ，その内容は大きく異なっています。

　また，われわれはリスクを認知（perception）するにあたって，まずは各々の状況に鑑みて，どう対応するかを考えるはずですが，リスクについての知識がなければ，主観的に判断するしかありません。リスクの認知とは，望ましくない出来事の不確実性に関する主観的な確率の推定です。たとえば，Slovic（1987）によれば，リスクの認知は，「恐ろしさを感じるものか（恐ろしさ因子）」－自発的リスクか否か，個人でコントロールできるか否か，致死的なものかなど，および「知っているものか（未知性因子）」－滅多に発生しないものか，よく知られたものか，新種のリスクかなどの2つの視点から構成されるといわれています。

　これに対して，企業や行政，専門家などは，リスクをさまざまな手法で，厳密に評価（assessment）します。リスク評価は，コストとベネフィットを踏まえて，専門的な科学技術や統計手法などを駆使して発生確率や損失の大きさなどを算出して定量的，定性的に行いますので，完全とは言い切れないまでも客観的なリスク評価といえるかもしれません。これに対して，一般市民のリスク認知は，たいていが不安感やリスクの受容可能性に基づいた主観的確率と損失の推定により，リスクの大きさをはかるいわば心理的評価です。

　このように個人のリスクの認知と企業などのリスク評価には，多くの場合にズレが生じます。COVID-19の例を思い起こしてみると，とくにそのように感じられるのではないでしょうか？

図表4 個人のリスク認知と企業などのリスク評価の違い

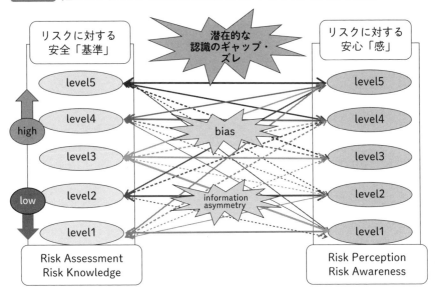

なぜリスクとリスク認知のギャップが生じやすいのだろう？

【個人のリスク認知と行動経済学】

個人のリスク認知に関連してヒューリスティック－精神的な近道－という概念があります。行動経済学上で，意思決定の際，簡略化した思考で結論を出すことを意味しています。いわゆる経験則によるということです。利用可能性ヒューリスティック・代表性ヒューリスティック・固着性ヒューリスティック・感情ヒューリスティックなどがあります。興味があれば，ぜひ各自で調べてみてください！

5 リスクへの対応策

　リスク対応（対策）はまず，リスクコントロールとリスクファイナンシングに大別されます。リスクファイナンシングにはリスクの回避（avoidance），予防，防止（prevention, protection）・軽減（reduction），保有（retention）などがあります。

　回避は，リスクを生じさせる活動自体を中止して，関係を断つことを指します。新規事業や，海外進出先の政情不安のため現地事業から撤退すれば，リスクを回避することができます。ただし，事業によるリターンを失ってしまうことにもなりうるため，それを踏まえて回避が得策であるか否かを判断する必要があります。

　予防や防止は，たとえば製品に注意喚起ラベルを添付することなどにより，リスクの発生頻度をできる限り抑える方策を講じることです。たとえば地震発生により，工場が倒壊し稼働停止になるようなリスクに備えて，耐震補強などを講じることです。なお，費用など数値を具体的に示すことができるものが減る際に，低減という用語が用いられることもあります。

　保有とは，リスクコストを勘案して，受容可能か否かを意思決定することです。他方，リスクは多種多様ですので，ある種のリスクについては，現実的な対策ができないため保有せざるを得ない場合や，あるリスクを認識せずに保有してしまっているケースも想定されるでしょう。保有の例としては，内部留保，自家保険（self insurance），キャプティブなどがあります。

　移転は，損害・損失をもたらす可能性のあるリスクを第三者に移転することで，保険はその典型例です。また保険対応が可能であると否とを問わず，保険以外のリスク移転手段として，金融派生商品（financial derivative products）によるヘッジ（hedge）や，その他の契約によるリスク移転なども費用対効果の観点から，考えられます。これらを総称して，ARTということがあります。

図表5－1 リスクへの対応策

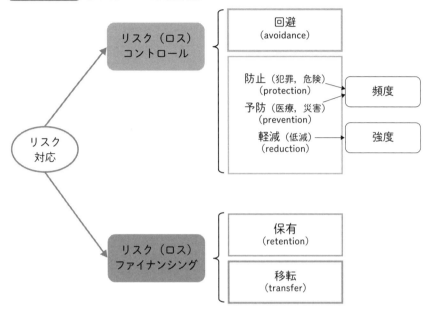

図表5－2 リスクへの対応策（リスクマップ）

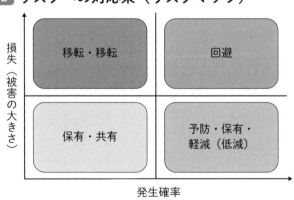

6 リスクマネジメントの発展過程

　リスクマネジメントはいつ誕生したのでしょうか。これについては諸説あります。企業のリスクマネジメントの萌芽は，一説によるとドイツの Friedrich Leitner が1915年に著した Unternehmensrisiken のなかで記されたリスク政策とされています。しかし，現代的なリスクマネジメントはアメリカで誕生したといわれています。リスクマネジメントがアメリカにおいて進化・深化していく背景には，訴訟による賠償責任の増大・巨額化や世界に先駆けてのグローバル化などがあげられるでしょう。

　ただし，Risk Management という用語が最初から存在していたわけではなく，初期のリスク対応は，いわゆる純粋リスクに対して企業がどう保険を付けるかに焦点がおかれ，また，各部門管理者が，各担当部門のリスクについて，リスク対応するといった，サイロ（silo）型・縦割り組織（stove-pipe）型のリスクマネジメントでした。1950年代にはいると，リスクコストからみて保険が必ずしも効率的ではないことも考えられるようになり，1956年に Russell Gallagher 著 "Risk Management : A New Phase of Cost Control," のなかでできる限り最小限のコストでリスク対応に留意すべきとの考え方が提起され，保険保護のみのリスク対応からの脱皮がはかられたといわれています。

　純粋リスクのみならず，リスクの多様化に伴い，戦略リスクなどにもリスクマネジメントの対象範囲が拡大していくと，リスクコストを踏まえて，リスクアペタイト—リスクをとっていく姿勢—の側面も重視されるようになりました。企業戦略のなかにリスクマネジメントを織り込む考え方が浸透していき，CEO や CRO をトップに据えた，組織全体で，リスクの最小化とリターンの最大化をめざすことを目標とした全社（企業）横断的なリスク管理手法である ERM が広く推奨されるに至っています。

図表6-1　伝統的リスクマネジメントとERMの比較図

伝統的リスクマネジメント （サイロ・アプローチ）	企業リスクマネジメント （統合的・包括的アプローチ）
企業経営の一部	戦略経営に統合
特定のリスク，特に純粋リスク（危険） が対象	純粋リスクの他に 財務リスク・戦略リスク， 投機的リスクも対象
物的資産，金融資産	左記の資産の他に無形資産
株主利益に焦点	ステークホルダーとの関係重視
どちらかというと抽象的対策	具体的対策
共通言語無し	共通言語を通じての リスクコミュニケーション
個別的・断片的	統合的・包括的
事後的解決アプローチ・ 対処療法的アプローチ	順行的アプローチ・ システマティックアプローチ
もっぱら財務および内部監査部門が担当 各部門のリスク認識によって異なる	企業グループ全体のイニシアチブ 目的・方針を共有した統一的な取り組み
事案対応型	環境変化対応型

図表6-2　伝統的RMとERM

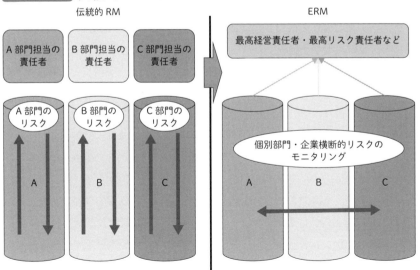

7 COSO-ERM 2017

　米国では1970年代から1980年代前半にかけて，企業の粉飾決算や経営破綻が相次ぎ，大きな問題となりました。これらに対処するため，1985年に AICPA，AAA，FEI，IIA，IMA，NAA がスポンサーとなり，「不正な財務報告に関する国家委員会」（National Fraudulent Financial Information Commission）を支援するために COSO が設立されました。その後，内部統制システムを有効に機能させるためのプロジェクトを PwC に委託し，2004年に COSO-ERM が公表され，リスクマネジメントの重要性の一層の高まりを背景として，2017年に改訂版が発行されています（各団体については viii ページの略語表を参照）。

　COSO-ERM によれば「ERM は，事業体の取締役会，経営者，その他の組織内のすべての者によって遂行され，事業体の戦略策定に，かつ事業体全体にわたって適用され，事業目的の達成に関する合理的な保証を与えるために，事業体に影響を及ぼす潜在的な事象を識別し，事業体のリスク選好に応じてリスク管理が行えるように設計された１つのプロセスである」とし，「組織が価値を創造し，維持し，及び実現する過程において，リスクを管理する為に依拠する，戦略策定ならびにパフォーマンスと統合されたカルチャー，能力，実務」であると表しています。COSO-ERM では，リスクマネジメントを経営戦略遂行上不可欠なものとして位置づけ，その骨組みを，５つの相互に関連する構成要素と各構成要素と結びついた基本概念である23の原則から組み立てています。図表の３つのリボンは戦略と目標設定，パフォーマンス，レビューと修正の３つの構成要素を示すことで，事業体の中にある共通プロセスを表し，他の２つはガバナンスとカルチャー，情報と伝達の２つの構成要素を示し，ERM の支援的な要素を表しています。COSO-ERM は戦略の策定，目標の設定，そして導入とパフォーマンスと一体化した際に企業価値が向上するとしています。

図表7 COSO-ERM 2017の構成図

組織における ERM の位置づけ

ERM の構成要素

（出所）　COSO（2017）Enterprise Risk Management : Integrating with Strategy and Performance
Executive Summary

8 ISO31000：2018

　リスクマネジメントが多様な分野において活用されるに至って，ISO におい
てリスクマネジメントの規格の検討が行われ，2009年に ISO31000 Risk
management-Principles and Guidelines（リスクマネジメント－原則およ
び指針）が発行されました。

　ISO31000：2018は，2009年版の考え方を踏襲し，リスクマネジメントを戦略
およびオペレーション管理システムに統合することを目的としています。ここで
いうリスクマネジメントは，組織全体に導入する仕組みを想定していることから
ERM と呼ばれ，組織の目的に影響を与えうるリスクを効果的かつ効率的にコン
トロールすることを通じて，企業価値の維持・向上を目指す活動全般を指します。
そして ERM を3つの構成要素，すなわち「原則」「枠組み」「プロセス」から構
成されるものとして捉えています。これらの構成要素は組織の中にそのすべてま
たはその一部がすでに存在することもありえますが，リスクマネジメントを効率
的にかつ一貫性をもって行われるようにするためには，それらを適応させるまた
は改善する必要がありうるとしています。また，ISO31000では，リスクを「さ
まざまな目的に対する不確かさの影響」（effect of uncertainty on objec-
tives）と定義しています。

　ISO31000：2018では，リスクマネジメントの意義として「価値の創出および
保護」を大原則として明確に打ち出しています。リスクマネジメントはパフォー
マンスを改善し，イノベーションを促進し，目的達成を支援するものです。戦略
リスクを意識し，企業組織内に多数のリスクマネジメントが目的に合わせて並行
的に実施されることが明示されています。この指針は，ノウハウ的な解説ではな
く，企業リスクマネジメントの概念理解を目的としていて，リスクマネジメント
カルチャーの構築を意図しています。

図表8 ISO31000：2018の ERM 構成図

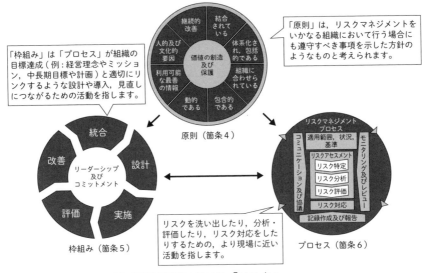

「原則」は，リスクマネジメントをいかなる組織において行う場合にも遵守すべき事項を示した方針のようなものと考えられます。

「枠組み」は「プロセス」が組織の目標達成（例：経営理念やミッション，中長期目標や計画）と適切にリンクするような設計や導入，見直しにつながるための活動を指します。

リスクを洗い出したり，分析・評価したり，リスク対応をしたりするための，より現場に近い活動を指します。

原則（箇条4）

枠組み（箇条5）

プロセス（箇条6）

2018年 ISO31000における「リスク」＝
「さまざまな目的に対する不確かさの影響」

注1）影響とは，期待されていることから乖離することです。それは，好ましいもの，好ましくないもの，またはそのいずれもがありうること，および機会または脅威を表したり，創出したり，または生じることがありえます。

注2）さまざまな目的とは，異なる側面やカテゴリを有し，異なったレベルで適用されることがあります。

注3）リスクは，一般にリスクの源泉，潜在的な事象，それらの結果および起こりやすさとして表出されます。

（出所）　日本規格協会訳（2018）『ISO31000：2018　リスクマネジメント－指針』日本規格協会に一部加筆。

9 COSO と ISO の ERM の比較

　COSO-ERM 2017と ISO31000：2018はともに，ERM を前提に据えた，規模の大小を問わず，組織に対して，効果的なリスクマネジメント戦略を策定するための包括的なガイダンスとなっています。リスクを削減することに比重を置くのではなく，リスクをとる姿勢が，リスク価値向上につながる点に着目して，両者は，リスクの評価，管理，モニタリングに使用される技術や手法に焦点を当てています。また，いずれも認証規格ではなく，ガイドライン（指針）であるため，ERM を個々の組織に合わせてカスタマイズする必要があり，そのために必要に応じて変更することができます。その他の共通性としては，リスクマネジメントを組織の意思決定プロセスに組み込むことの重要性を強調しており，企業の取締役レベルがビジネス上の意思決定を行う際に，リスクと組織目標との関連性を理解できるような構成になっています。

　COSO のフレームワークは，コーポレートガバナンスと内部統制（internal control）に重点を置いており，主に米国で使用することを想定しています。他方，ISO31000は，国際標準規格であり，ステークホルダーとのコミュニケーションおよび企業文化の創造にスポットをあてて，ERM の特徴とその実施方法に関する指針を提供しています。

　ISO31000は，2018年版を作成する際に70数カ国から5,000以上もの意見を聴取し，全16ページに内容が集約されています。他方 COSO の2017年版は，外部のアドバイザーとオブザーバーからの意見を踏まえ，PwC 主導で作成されており，エグゼクティブサマリーは同じく16ページですが，本文は実に100ページ以上に及びます。

　ISO31000は組織体のいかなるレベル・規模であっても適用可能なリスクマネジメントの考え方を示しているのに対して，COSO は事業体全体としてのリスクマネジメントを目的としています。

図表9 COSO-ERM 2017と ISO31000：2018の比較

	COSO-ERM 2017	ISO31000：2018
発行年 （改訂年）	2004年に初版 2017年改訂版	2009年に初版 2018年に改訂版
リスクの定義	事象が発生し，（事業の）さまざまな目標の達成に影響を与える可能性	目的に対する不確かさの影響
起草者	COSO の委員の監督のもと PwC のコンサルタントが主導	ISO/TC 262 技術委員会 （technical committee）
中核となる 要素	20の原則からなる 5つの相互関連的構成要素	3つの相互関連的構成要素 （8つの原則・6つの枠組み およびプロセス）
補完（関連） 資料	●ERM：Applying ERM to environmental, social and governance-related risks（2018） ●COMPLIANCE RISK MANAGEMENT：APPLYING THE COSO ERM FRAMEWORK（2020） ●ERM FOR CLOUD COMPUTING（2021）	●IEC31010：2019, Risk management-Risk assessment techniques ●ISO31073：2022, Risk management-Vocabulary ●ISO31022：2020, Risk management-Guidelines for the management of legal risk

10 リスクマネジメントと類似概念との区別

　リスクマネジメントに関連するマネジメントとして，クライシスマネジメント（crisis management），緊急事態管理（emergency management），BCP，BCMなどがあります。これらの一部は訳語が一様でないため，しばしば混同されています。たとえば，ISO22320：2018のSecurity and resilience− Emergency management−Guidelines for incident management　では，セキュリティと回復力−緊急管理−インシデント管理のガイドラインという訳語が当てられていますが，本来emergencyは緊急事態で，incidentは偶発的な出来事という意味です。

　クライシスマネジメントは危機管理と訳されていますが，その本質的意義は被害極限（damage control）で，キューバ危機時に軍事用語として初めて公になったとされています。日本では1995年の阪神・淡路大震災で危機管理という用語がクローズアップされることになりました。わが国の内閣法15条では，危機管理を「国民の生命，身体又は財産に重大な被害が生じ又は生じるおそれがある緊急の事態への対処及び当該事態の発生の防止をいう。（国の防衛に関するものを除く。）」と規定していて，危機管理に緊急事態への対応を含めています。

　参考までに，緊急事態管理については　1979年に設立されたFEMAが有名ですが，緊急事態管理は準備・対応・復旧・被害軽減といった緊急事態管理の各機能を包括的システムの中で一元的に管理・運営するという手法です。

　ISO22301によれば，BCM（事業継続管理）は，「組織への潜在的な脅威，及びそれが顕在化した場合に引き起こされる可能性がある事業活動への影響を特定し，主要なステークホルダーの利益，組織の評判，ブランド，及び価値創造の活動を保護する効果的な対応のための能力を備え，組織のレジリエンスを構築するための枠組みを提供する包括的なマネジメントプロセス」と定義されています。

図表10 リスクマネジメント，クライシスマネジメント，BCM，BCP 緊急事態管理の相関図

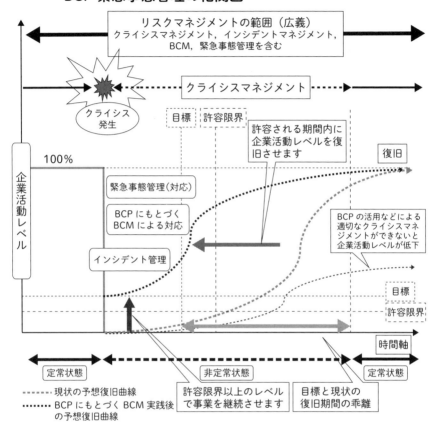

リスクマネジメントの範囲（広義）
クライシスマネジメント，インシデントマネジメント，BCM，緊急事態管理を含む

クライシスマネジメント

クライシス発生

目標　許容限界

許容される期間内に企業活動レベルを復旧させます

復旧

100%

企業活動レベル

緊急事態管理（対応）

BCP にもとづくBCM による対応

BCP の活用などによる適切なクライシスマネジメントができないと企業活動レベルが低下

インシデント管理

目標

許容限界

時間軸

定常状態　　　非定常状態　　　定常状態

------ 現状の予想復旧曲線
•••••• BCP にもとづく BCM 実践後の予想復旧曲線

許容限界以上のレベルで事業を継続させます

目標と現状の復旧期間の乖離

図表10は，リスクマネジメントを広く捉えたうえで，リスクマネジメントと類似ないしは関連づけて用いられる各種概念をあえて区別して示したものです。インシデント・リスク・クライシス・エマージェンシーにマネジメントという用語が付くと，これらを厳密に区別することが難解になります。これらの概念は個別のコンテクストにおいて独立しても活用されますが，それぞれの役割は本質的には異なっていますので，注意してください。

11 行動経済学と リスクマネジメント

　伝統的経済学では，合理的で計算高い利己的な人間を前提としてきました。しかしながら，寄付行為や慈善活動などを見ても，人間は利他的な動機でも行動します。行動経済学では，心理学や社会学の研究成果を取り込みながら，現実の人間像に近づける努力が行われています。

　人間の意思決定が合理的でない例を見ます。①コインの表が出たら二万円もらい，裏が出たら何ももらえない，②確実に一万円もらえるという二択があります。実験によれば，この「得をする」ケースでは多くの人が安全策②を選択します。次に③コインの表が出たら二万円支払い，裏が出たら何も支払わない，④確実に一万円支払うという二択，この「損をする」ケースでは，多くがギャンブル策③を選択します。このように人は損失を利得よりも嫌う損失回避の傾向があります。合理的な人間ならば，②を選択すれば④を選択しないと整合性がとれません。

　また，人間には問題を先送りする傾向もあります。夏休み前には宿題を最初に片づけて遊ぼうと思っていたのに，実際は始業式直前に慌てて宿題をした経験があるのではないでしょうか。カーネマンによれば，これは今を過剰に優先する現在バイアスによります。将来よりも現在の利益を重視する心の働きです。

　損失回避，現在バイアスの性向は投資行動では損切（損失を確定）できないという形で現れます。株価が下がったときに，相場が早晩戻るだろうという期待に賭けて，損失が膨らんでしまうことが起こりがちです。それを回避するため統合的リスク管理（ERM）では「リスク・リミット運営」が行われています。リスク選好や各リスクの特性およびリスクバッファーとなる自己資本等の状況を勘案し，リスク・カテゴリーごとに「予想損失額の限度枠（リスク・リミット）」を設定します。そしてリスク状況をモニタリングし，リスク・リミットを超過した時にあらかじめ決めた対処策，たとえば資産の売却などを実施します。行動に事前的制約を課すことで甘い期待の誘惑を断つわけです。

図表11 プロスペクト理論（損失回避性）

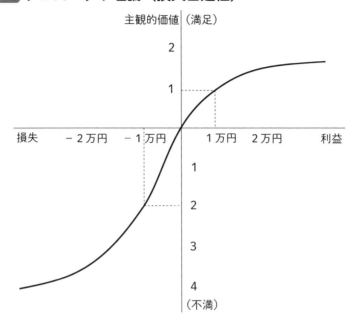

損をするのは嫌だなぁ…　株価が回復するのを待とう！

リスク（危険）管理　≠　クライシス（危機）管理

　リスクおよびリスクマネジメントの関連用語として，本書でも少し触れていますが，クライシスは危機と訳されていますので，クライシスマネジメントは「危機管理」と訳されることが多いです。クライシスマネジメントも，アメリカで誕生した概念ですが，リスクマネジメントとはまったく異なるルーツをもっています。

　クライシスマネジメントは，1962年のキューバ危機に際して，ケネディ政権下の国防長官であったロバート・マクナマラ（Robert McNamara）の演説中に初めて使われたといわれています。その後，国際政治学の分野において，チャールズ・ハーマン（Charles Hermann）の研究に代表されるようにクライシスとは何かをめぐって研究が蓄積されていきます。ハーマンは，組織におけるクライシスを，脅威，時間的制約，予測不能（驚愕）という３つの側面から特徴づけ，その後，企業経営の分野においても，同分野で展開されたクライシスの概念が一部援用されて，クライシスマネジメントが注目されていくようになりました。なかでも1982年のジョンソン＆ジョンソン（Johnson & Jhonson）社のタイレノール（TYLENOL）事件などは，しばしばその模範とされています。

　わが国でも，1995年の「阪神・淡路大震災」を機に，「危機管理」という言葉がクローズアップされ，日常的にも耳目を集める言葉となりましたが，危機管理という用語は必ずしも正確に理解されているとはいえません。たとえば，危機管理というタイトルの文献や記事でも，実際にはその内容がリスク管理についてだったり，危機とリスク（危険）の区別が混同されていたりで，アメリカのクライシスマネジメントの文献の内容とは異なっているものが散見されます。また，emergency management や contingency management といった用語も存在し，概念上の混乱をきたしている感が否めません。

　日本語に置き換えることもさることながら，欧米の文献を通じて，内容の相違をしっかりと理解することが肝要です。

第 I 部

保　険

《第Ⅰ部　学びのガイダンス》

　第Ⅰ部は，「保険の基本原理」「生命保険」「損害保険」の３つの章から構成されています。

　第1章「保険の基本原理」は，民間保険の仕組みを学ぶためのテーマを厳選しています。リスクを処理する手段である保険を理解するには，リスクについての基礎知識を身につける必要があります。そこで，第1章はリスクの説明から始まります。序章で説明したリスクのうち，保険の対象となるリスクは数量化できるため，次にリスク計測の基礎を学びます。以降は，保険の２つの等価原則と大数の法則，中心極限定理とテーマが続きます。これらは保険供給の基礎理論です。保険需要の理論については，伝統的なミクロ経済学の期待効用仮説とリスク・プレミアム，また近年注目されている行動経済学にもとづく保険加入をとりあげます。これらは現実の保険加入行動などに対して有益な示唆を与えます。最後に，情報の経済学の視点から，保険市場の機能を制約する２つの問題（逆選択とモラルハザード）とそれぞれの対策について学びます。

　第2章「生命保険」では，民間保険と社会保険の違いを整理してから，民間保険の１つである生命保険の契約と３つの基本形，保険約款の基礎について学びます。以降は，保険料の構造や種類，具体的な計算方法の解説です。生命保険の仕組みが具体的にイメージすることができるようになるでしょう。最後に，生命保険会社が将来の契約責任を全うするために積み立てる必要のある責任準備金を学びます。長期の契約が一般的な生命保険は死亡など加入者のリスクだけでなく，金利（リスク）も重要な要素であることが明確に理解できます。

　第3章「損害保険」では，生命保険と同様，損害保険契約や種類の基礎から始まります。次に，テレビCMなどで身近な通販型自動車保険（ダイレクト型保険）に代表されるリスク細分型保険を学びます。また，近年大規模自然災害が頻発し，損害保険会社の財務などに大きな影響を与えています。そこで，異常危険準備金や再保険，キャットボンドをとりあげます。これらは損害保険会社自身がリスクを管理するうえで重要なテーマです。最後に，主に大企業がリスクファイナンシングとして利用するキャプティブ保険，そして保険とデリバティブの融合について学びます。

第1章

保険の基本原理

12 リスクの定義

　病気やケガで入院する，株が下落して損をする，大地震が発生して家が倒壊するなど，世の中，一寸先は闇です。我々の身の回りは危険なことで溢れています。では，リスクはどう定義すればよいでしょうか？それを明確に定義したのは，シカゴ大学のフランク・ナイトです。彼は，結果はわからないが確率分布はわかっているのが「リスク」，結果はわからないうえに確率分布もわからないものを「不確実性」と区別しました。

　いま，コインの表が出たら百万円もらえる，裏が出たら百万円払うというゲームをしたとします。勝つか負けるか結果はわかりません。しかし，勝つ確率は50%，負ける確率は50%であることはわかります。なぜならコインに歪みがない限り，裏と表しかないので勝負は五分五分です。このゲームはリスクの定義にかなっています。

　関東大震災が発生するというのはリスクでしょうか？現在の科学水準では発生確率を把握できておらず，地震は不確実性といえるでしょう。地震の発生メカニズムがより正確に解明できて，確率をある程度正しく予測できるようになれば，リスクとなります。リスクと不確実性の境界には揺らぎがあります。

　では，確率分布がわかっているかどうかでリスクと不確実性を分けることの意義はどこにあるのでしょうか。確率分布がわかっているというのは，危険な事象の重大性を量的に把握できることです。簡単にいえば，リスクは計算できます。一方，計算できないのが不確実性です。確率分布の幅（次で説明する標準偏差）がリスクの大きさです（図表12）。保険会社はリスクを引き受ける企業です。生命保険会社は，人々の死亡率に関する統計データを集めて，それをもとに商品の価格を決めて販売しています。銀行も融資先企業が返済をしてくれない確率，貸倒れ率を管理する企業と言えます。リスクマネジメントでは統計・確率が重要な役割を果たします。

図表12 確率分布

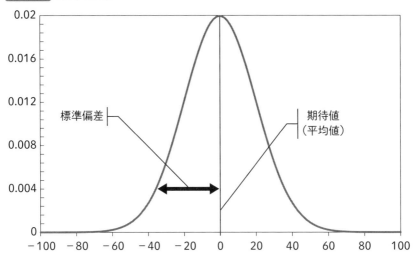

リスクと不確実性の違いは確率がわかっているかどうかなんだね！

13 リスク計測

　リスクを計算するには期待値（平均値）を計算する必要があります。リスクはブレなので，まず中心を探します。それが期待値です。われわれがよく使うリターンのことです。図表13－1のような宝くじがあります。あなたはこの宝くじにいくらまでなら支払いますか？答えは1.7万円です。各賞金額にそれが当たる確率をかけて足し合わせてリターンを求めます。この宝くじからは，1.7万円の賞金を期待できます。

　つぎに株式投資に話を広げましょう。図表13－2を見てください。宝くじとの違いは損をすることがある点です。厳密に言うと，宝くじの確率と株式投資の確率は確からしさという点で異なりますが，その点には踏み込まず，いまは同じように計算します。A，B株ともに期待値は41,500円です。学生さんにどちらに投資する？と質問すると，皆さんAだと答えます。さらに理由を尋ねると，A株は損をしない（確率がゼロ）からだと言います。確かに1つの考え方ですが，もう1つの考え方は，収益額の広がり具合をみるものです。表の囲みをみるとA株の収益は3行にわたっていますが，B株は5行に広がっています。

　期待値を中心にして，収益額にどれくらい幅があるかを見る統計量が分散です。各収益額と期待値の差，これが偏差です。分散は，偏差を二乗したものに，その収益額が生じる確率をかけて足し合わせます（詳細は巻末の練習問題1を参照）。分散は偏差の二乗を加重平均しますので値が大きくなります。一次の数に戻すために平方根をとります。これが標準偏差です。偏差の平均を求めたというイメージです。図表13－2に沿って標準偏差を計算すると，A株22,198円，B株225,926円となります。したがって，B株はA株に比べてリスクが10倍以上も高いことがわかります。リスクの大きさを把握できました。リターンとリスクを計算することで，両株ともリターンは同じなのに，B株はリスクが高すぎるからA株に投資しようという意思決定を下せるようになります。

図表13−1 宝くじの期待値（リターン）

	賞金	当たり本数	確率
1等	1,000万円	1本	1／1,000
2等	100万円	4本	4／1,000
3等	10万円	30本	30／1,000
ハズレ	0円	965本	965／1,000
合計		1,000本	

1,000万円×（1／1,000）＋100万円×（4／1,000）＋10万円×（30／1,000）＋0円×（965／1,000）＝1.7万円

図表13−2 どちらの株に投資するか？

【A株式】

収益額（円）①	確率（％）②
−500,000	0
10,000	27.5
50,000	67.5
100,000	5
500,000	0

【B株式】

収益額（円）①	確率（％）②
−500,000	10
10,000	15
50,000	50
100,000	15
500,000	10

- A株式のリターン：
  $-500,000 \times 0 + 10,000 \times 0.275 + 50,000 \times 0.675 + 100,000 \times 0.05 + 500,000 \times 0$
  $= 41,500$
- B株式のリターン：
  $-500,000 \times 0.1 + 10,000 \times 0.15 + 50,000 \times 0.5 + 100,000 \times 0.15 + 500,000 \times 0.1$
  $= 41,500$

14 収支相等の原則と 給付反対給付均等の原則

　将来や不測の事態への備えは，図表14のように「預金は△，保険は□」とたとえられます。もしものときに備え1,000万円が必要なとき，預金はコツコツ長い期間をかけて貯めて行くのに対し，保険では加入日から1,000万円の保障が得られます。なぜ，そのようなことが可能かというと保険は相互扶助の制度だからです。

　保険に加入している人を保険契約者といいます。保険契約者が保険会社に支払うお金を「保険料」，保険会社が支払うお金を「保険金」と言います。お互い助けあうということは，たとえば生命保険の場合には，自分が死ななかった場合，支払った保険料は死亡した人の保険金に充てられるということです。保険の仕組みが成り立つうえでは，保険会社に支払われた保険料（収入）合計と，保険会社が支払った保険金（支出）合計が等しくなければなりません。これを収支相等の原則といいます。式で表すと加入者数×保険料＝死亡者数 × 保険金という関係です。

　いま，この式の両辺を加入者数で割ってみましょう。すると，保険料＝（死亡者数／加入者数）×保険金となります。この式は，加入者の一人一人が支払う保険料は，保険金に死亡率を掛けたものになるということを意味します。この関係を給付反対給付均等の原則といいます。

　学生さんから，収支相等の原則のもとでは保険会社には利益がでないのではないですか？という質問がよく出ます。給付反対給付均等の原則とは，保険料は保険金の期待値になるように定めるということです。しかし，期待値であるということはブレが生じます。保険会社が当初の死亡率を10%だと見通していたのに，たとえば新型コロナの影響で死亡率が15%になってしまうと，保険会社は赤字になります。したがって，実際に死亡率を設定する際には，死亡率に安全割り増し分を上乗せしています。この割り増し分から出てくる利益が「死差益」と呼ばれるものになります。

図表14 預金と保険

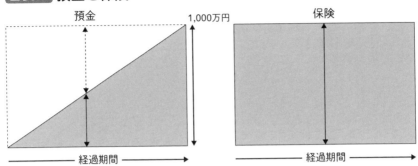

保険は助け合い。だから契約の始めから大きな保障が得られるんだね！

15 大数の法則

　大数の法則は，同じ試行を何度も繰り返せば，その平均は真の平均に近づく法則のことです。たとえば，「コインを投げた時に裏が出る確率は？」と質問すると，「2分の1です」と答えると思います。しかし，5回連続して表が出続けることもあります。図表15のように，コインを投げ続ければ，2分の1に近づいていきます。

　給付反対給付均等の原則によれば，生命保険の保険料は死亡率×保険金で設定されます。では生命保険会社は死亡率をどのようにして決めているのでしょうか？あなたが，この1年間で死んでしまう確率はわかりますか？一個人ではわかりません。明日交通事故にあうかもしれないし，あわないかもしれません。しかし，集団であれば，死亡率を求められそうです。ここで大数の法則が重要な役割を果たします。

　いま大学1年生を対象とした保険を全国的に販売するとします。その場合に，あなたは自分の通う大学のデータを集めて，死亡率を求めますか？そんなことはしないと思います。たとえば，自分の大学は体育会系の部活が強くて，体力のある人が他大学よりも多いという要因があるかもしれません。そうすると，自分の大学の1年生の死亡率は，日本全体の大学1年生の死亡率よりも低いかもしれません。このように特定の集団で死亡率を測ると偏りがあります。

　それに対して一番確かなのは，日本全体の大学1年生を対象に全数調査をすることです。そうすれば，死亡率が偏ることはありません。しかし，それでは調査にコストがかかりすぎることになります。

　したがって調査費用のコストも考えれば，加入者を「偏りなく大勢」，たとえば10万人くらい集めて，死亡率を調査する方法を採ります。そうすることで大数の法則が働くので，ほぼ正確に日本の大学1年生の死亡率がわかります。保険会社が保険料を計算する際に死亡率を決定するうえで，大数の法則が非常に重要なわけです。

図表15 大数の法則

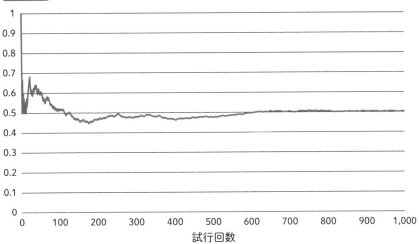

コインの表を1，裏を0とすると，試行回数を増やすにつれて平均は0.5に近づく

大数の法則とは数学的には，$\lim_{n\to\infty}(r/n)=Pr(\omega)$ と表現されます。（n：対象者数，r：死亡者数，ω：死亡率）

16 中心極限定理

　保険会社が加入者を増やすリスク管理上のメリットを考えます。死亡率が20%，死亡保険金が500万円のとき，死亡保険金の期待値と標準偏差を計算した結果が図表16－1の上段です。期待値は100万ですが，ブレを表す標準偏差は200万円です。つぎに加入者を2人に増やした場合を考えます。ここで重要な仮定は，AさんとBさんの死亡は無相関ということです。要するにAさんが死んだからといってBさんも必ず亡くなることはありません。加入者が2人のときの計算結果は図表16－1の下段です。期待値は100万と同じままで，標準偏差は141万円です。保険会社は加入者を増やすことによって，支払保険金の期待値は同じままなのに，支払いの変動リスクは200万円から141万円に引き下げることができます。仮にAさんとBさんの死亡が完全な正の相関の場合はどうでしょうか？Aさんが死ねば必ずBさんも亡くなります。このときは，図表1の上段と同じになります。一蓮托生で，A・Bさんともに健康な確率が80%，A・Bさんとも死亡する確率が20%となるからです。

　このように分布の標本数を増やすと標準偏差が一定の法則性をもって低下することがわかっています。中心極限定理です。標本平均と真の平均との誤差がサンプルのサイズを大きくしたとき近似的に正規分布（平均 μ，標準偏差 $\sigma/\sqrt{n}$）に従います。上の数値例では，加入者が1万人になれば，標準偏差は2万円（＝$200/\sqrt{10,000}=200/100$）まで低下します。加入者1人のときに比べ，支払保険金のブレは非常に小さいので，保険会社の経営が安定します。図表16－2はエクセルで0から1の間の乱数を1個，2個，4個，8個，10個とそれぞれ1万回発生させて，足し合わせた結果です。乱数の発生回数を増やすほど分布が中心＝期待値に集まり，ブレ幅が小さくなります。これは，10個の乱数を発生させたときに，0が連続して10回続くことは極めてまれで，合計して5になるようなケースが多いことを示しています。中心極限定理の原理がよくわかると思います。

図表16−1　リスク分散効果

①保険契約者が1人の場合

結果	確率	死亡保険金
健康	0.8	0 円
死亡	0.2	500万円

死亡保険金の期待値＝0.8×0＋0.2×500＝100（万円）
標準偏差＝$\sqrt{(0.8 \times (0-100)^2 + 0.2 \times (500-100)^2)}$
　　　　＝200（万円）

②保険契約者が2人，かつお互いに死亡の可能性が独立の場合

結果	確率	死亡保険金平均額
A，Bともに健康	0.8×0.8＝0.64	0 円
Aだけ死亡	0.2×0.8＝0.16	250万円
Bだけ死亡	0.8×0.2＝0.16	250万円
A，Bともに死亡	0.2×0.2＝0.04	500万円

死亡保険金の期待値＝0.64×0＋0.16× 2 ×250＋0.04×500＝100（万円）
標準偏差＝$\sqrt{(0.64 \times (0-100)^2 + 0.16 \times 2 \times (250-100)^2 + 0.04 \times (500-100)^2)}$
　　　　＝141（万円）

図表16−2　中心極限定理

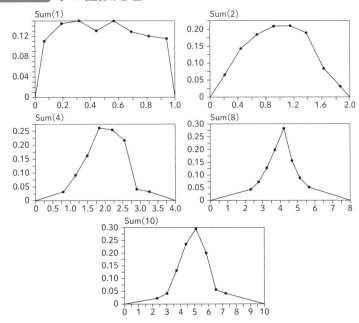

（出所）　茶野努・宮川修子訳（2009）『なぜ金融リスク管理はうまくいかないのか』東洋経済新報社

17 期待効用仮説とリスク・プレミアム

　人はなぜ保険に加入するのでしょうか？いま就活中で就職できる確率が70%，そのときの所得が400万円，一方でアルバイトを続ける確率が30%，そのときの所得は100万円だとします。そのような状況での期待所得は，400×0.7＋100×0.3＝310万円です。

　いま，ある所得でどれくらい満足できるのか，その効用を考えます。効用関数 $U(y)$ が $U(y)=\sqrt{y}$ で表せるとします。ここで U は効用，y は年収を表します。効用関数をこのように定式化することは効用が逓減する，たとえば1杯目の水は美味しいけれど10杯目はさほどでもないというように，満足が徐々に小さくなることを仮定しています。リスク回避者の効用は，図表17のように上に凸の形をしています。多くの人はリスク回避的ですが，賭け事が好きなリスクを愛好する人もいます。

　400万円の効用は $\sqrt{400}=20$，100万円が $\sqrt{100}=10$ です。このとき期待される満足はどうなるでしょうか？期待効用仮説によると，効用も確率で加重平均できると考えます。期待効用 $EU(y)$ は20×0.7＋10×0.3＝17です。いまリスク回避者が17の効用を得られる年収を逆算すると，17の2乗の289万円です。期待所得310万との差21万円がどうして生じたのでしょうか？それは，リスク中立的な場合に比べ，リスクを避けたい人は21万円分だけ所得が少なくても構わないと感じるからです。リスク回避的な人はリスク中立的な人に比べ，リスクを移転するために対価を支払っても良いと考えていることになります。この最大額をリスク・プレミアムといいます。リスク・プレミアムはリスク回避度が大きい（凸の度合いが大きい）ほど大きくなります。

　このように多くの人はリスク回避的であり，そのために保険料を支払っても保険に加入するということが理論的に説明できるわけです。

図表17 保険になぜ加入するのか？

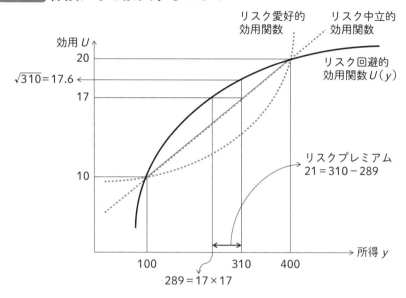

リスク愛好的効用関数

リスク中立的効用関数

効用 U

20

$\sqrt{310} = 17.6$

17

10

リスク回避的効用関数 $U(y)$

リスクプレミアム
$21 = 310 - 289$

100　310　400

所得 y

$289 = 17 \times 17$

多くの人はリスクを避けたいと思っている。だから保険に加入するんだね！

18 行動経済学にもとづく保険加入

　期待効用仮説によれば，リスク回避的な人はリスク・プレミアムを支払って保険に加入することが合理的であるとされています。それでは行動経済学を代表する「プロスペクト理論」は，保険加入をどのように説明するのでしょうか。

　いま仮に「現在の所得」を参照点（原点）とします（図表18－1）。参照点から離れると，人はプラス（利得）またはマイナス（損失）の価値を感じます。病気やケガなどによる所得の減少に備えて保険に加入した場合，病気やケガの有無にかかわらず，保険料の分だけ所得が減少します。「損失回避の原則」により，損失の場面では人はリスク愛好的で，確実な損失を嫌い，保険に加入しないことを選択します。期待効用仮説と反対の結論ですが，次の示唆を与えます。

　日本人は掛け捨て型ではなく，貯蓄型の保険を好む傾向がある理由を，日本人の貯蓄好きとしていますが，損失回避の原則から合理的に説明できるかもしれません。次に，参照点が「損失後の所得」の場合，保険加入が望ましいことを各自確認してください。

　また，参照点を「保険加入後の所得」としましょう（図表18－2）。これと保険に加入しない場合の所得を比較します。保険未加入時の所得は，事故がなければ保険料の分だけ増加し，事故があれば正味損失（$L-pC$）の分だけ減少します。保険未加入時の主観的価値は，これらの不確実な所得に対する主観的価値の期待値で表されます。対して，保険加入後の確実な所得に対する主観的価値は，参照点で表されます。両者の大小関係は，事故の発生確率に依存します。確率が0に近づくほど，参照点は「現在の所得」に近くなるため保険に加入せず，確率が1に近づくほど，参照点は「損失後の所得」に近くなるため保険に加入します。

　このことから，100年に1度発生するような確率の小さい大災害に対して，積極的な保険の加入は困難とされます。もっとも，確率ウェイト（加重）関数を適用すると，人は比較的小さな確率を過大に評価する傾向があるため，期待値を上回る保険料を支払ってでも保険に加入することを説明することができます。

図表18-1 参照点が現在の所得（*I*）の場合

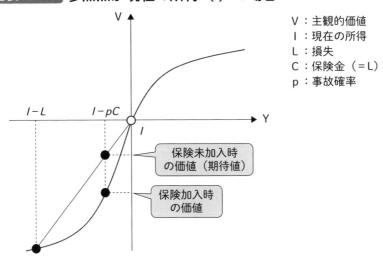

V：主観的価値
I：現在の所得
L：損失
C：保険金（＝L）
p：事故確率

保険未加入時
の価値（期待値）

保険加入時
の価値

図表18-2 参照点が現在の所得マイナス保険料（*I−pC*）の場合

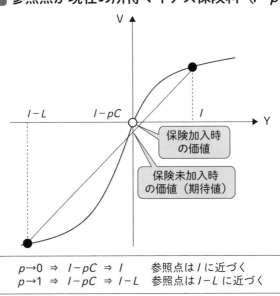

保険加入時
の価値

保険未加入時
の価値（期待値）

$p→0 ⇒ I−pC ⇒ I$	参照点は*I*に近づく
$p→1 ⇒ I−pC ⇒ I−L$	参照点は*I−L*に近づく

事故発生の確率の大きさが参照点の選択に影響を与える

19 逆選択とその対策

　もし大学を留年したときの授業料をカバーする「留年保険」があったら，みなさんはこの保険に入りますか。みなさんが3年生でしたら，卒業する自信がある人ほどこの保険に無関心でしょうし，卒業できるかどうか雲行きが怪しい人は，思わず保険会社のパンフレットを開いてしまうかもしれません。

　ある保険会社が全国の大学生の平均留年率をもとに，「留年保険」を販売したとしましょう。留年のリスクが低い学生は，保険料が割高であると感じ，保険の加入に消極的になります。留年のリスクが高い学生は，保険料が割安であると感じ，積極的に保険に加入します。その結果，保険加入者の留年率は平均留年率を上回り，保険収支はマイナスになります。そのため，保険会社は保険料を値上げしますが，保険料を割高に感じる学生がさらに保険を利用しなくなり，リスクの高い学生だけの市場になります（図表19-1）。市場が崩壊または成立しない場合もあります。これを逆選択といいます。

　留年に関する情報は病気やケガなどと同様，私的情報に含まれます。私的情報は，当事者間に情報格差を生み出します。「情報の非対称性」と呼ばれています。情報の非対称性が存在すると，保険市場は有効に機能しないことがわかります。「市場の失敗」の1つです。情報が対称であれば，保険会社は留年リスクを把握して，それに応じて保険料を設定するので，逆選択は発生しません。

　逆選択の対策は，市場外または政府の介入によるものと市場内の大きく2つに分けられます（図表19-2）。政府による介入の例としては自賠責保険などの「強制保険」があります。また，市場内すなわち当事者間の解決としては，シグナリングとスクリーニングなどがあります。前者は，情報優位者がみずからのリスクが低いことのシグナルを発する行動をいい，「ゴールド免許証」が典型です。後者は，情報劣位者がリスクを明らかにするように促す行動をいい，リスクの異なる商品の選択（自己選抜）や告知（義務）などがあります。

図表19-1　逆選択のイメージ

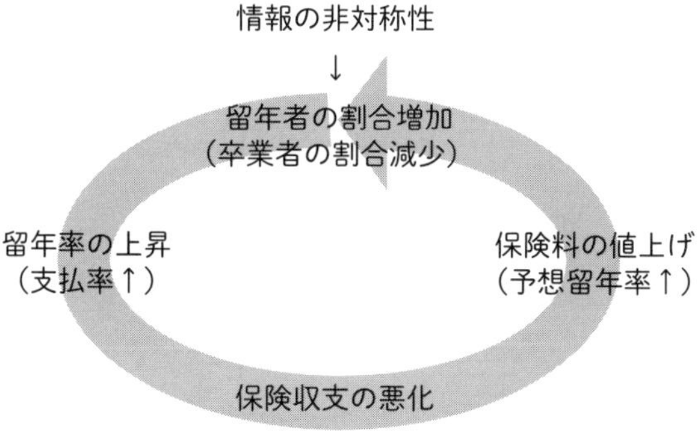

情報の非対称性
↓

留年者の割合増加
（卒業者の割合減少）

留年率の上昇
（支払率↑）

保険料の値上げ
（予想留年率↑）

保険収支の悪化

> 収支の悪化に伴う保険料の引き上げは，さらに低リスク者の保険離れを
> 誘発し，これを繰り返すと最終的には高リスク者だけが保険を利用する。

図表19-2　逆選択への対策

①市場外（政府の介入）

| 強制保険 | ある種の強制力をもって平均的な保険料ですべての保険申込者を加入させる。例：自賠責保険 |

②市場内（当事者間の対応）

| シグナリング | 情報優位者が，自身の品質（低リスク）を代表する何らかのシグナルを，情報劣位者に対して表明する行動。
例：ゴールド免許証（保険料の割引制度がある場合） |

| スクリーニング | 情報劣位者が情報優位者にその私的情報を明らかにするように促す行動。
例：リスクの異なる複数の商品から選択させる。
　　リスク情報の告知（義務）。ただし，情報が正しいことへの裏付けが必要。 |

※保険実務：アンダーライティング，危険選択など

20 モラルハザードとその対策

　もし大学を留年したときの授業料をカバーする「留年保険」にみなさんが加入したとしましょう。何か変化があるでしょうか。卒業ぎりぎりの状況だったら，頑張って卒業せずに，もう1年大学生活を楽しもうとするかもしれません。このような学生の行動変容（隠された行動）について保険会社は知ることができません。これも「情報の非対称性」に含まれます。

　逆選択が保険加入前に行われるのに対して，保険加入後，加入者が事故防止に対する注意力が低下し，安全への努力を怠ることをモラルハザードといいます。それは事故発生前の段階において事故を防ぐインセンティブの低下と，事故発生後の段階において損失を軽減するインセンティブの低下に分けられます（図表20－1）。事故発生後は保険の過剰利用が発生しがちです。

　「留年保険」加入後のモラルハザードにより，保険加入者の留年率は上昇し，保険市場は有効に機能しません。逆選択と同じ結果が導かれます。

　モラルハザードの対策は，大きく2つに分けられます。1つは，情報の非対称性を緩和するために，保険会社が加入者の行動をモニタリングすることです。常に監視することはできませんが，たとえば毎年の健康診断の結果により保険料が割引または割増される生命保険も加入者にインセンティブを与えるとともに，健康状態を監視しています。

　もう1つは，保険会社と加入者の利害がある程度一致するような仕組みを保険契約に導入することです。保険会社はすべてのリスクを負わずに，加入者とシェアすることが重要です（図表20－2）。「一部保険」「控除免責」「填補限度額」などがあります。また，保険申込者の過去の損失経験を反映して保険料が決定される「経験料率」があります。自動車保険の「等級料率制度」が典型です。

　なお，保険業界では保険金詐欺など不正な目的で行う逆選択やモラルハザードのことを「モラルリスク」と呼びます。

図表20－1　モラルハザード

　　　　　　加入者の　┌─　事故発生前：事故発生を防ぐインセンティブの低下
　　　　　　行動変容　└─　事故発生後：損失を軽減するインセンティブの低下
　　　　　　　　　　　　　　　　　　　　→保険の過剰利用

┌─────────────────────────────────┐
│　インセンティブを高める保険制度の設計　　　　　　　　　　　│
└─────────────────────────────────┘

図表20－2　リスクシェアリングの例

一部保険	すべてのリスクを保険に付ける（全部保険）のではなく，リスクの一部を保険に付け，残りを契約者が負担する。
控除免責	少額の損害について保険会社が支払い責任を負わず，契約者が負担する。
てん補限度額	保険会社が支払う保険金の上限を設定し，それを超える損害については契約者が負担する。

╭─────────────────────────────────────╮
│【モラルハザードの語義について】
│モラルハザードは，日本語に訳しにくい用語です。モラルに関する危険な状態
│を表すため，保険金の不正取得や詐欺など，道徳や倫理上の問題を連想させま
│す。ところが，経済学のモラルハザードはもう少し広い概念です。事故に対す
│る注意力や事故を防ぐ努力の低下のことをいいます。必ずしも道徳や倫理の問
│題と結びつくものではありません。したがって，万能な日本語訳は存在せず，
│文脈に応じてその意味を理解する必要があります。
│現在，「モラルハザード」は広い範囲で使用されています。「倫理崩壊」「倫理
│の欠如」の日本語が添えられることがあります（国立国語研修所「モラルハザー
│ド」）。もっとも，保険の分野で，文脈を理解せずにこれらの訳語を使用するの
│は不適切な場合があるので注意してください。
╰─────────────────────────────────────╯

保険の存在意義

　本書では，通常のテキストでみかけるような「保険とは〜である」のような説明はありません。そこで，経済における保険の存在意義について考えてみましょう。

　まず，保険に加入するということは，リスクを処理する決意の表れです。それでは，保険はどのようにリスクを処理するのでしょうか。このリスクを処理する機能に着目すると，保険は「リスク移転」と「リスク分散」の2つの機能に集約されます。契約や制度の視点から保険を説明することも可能ですが，結局のところ「保険会社が提供するサービスが保険である」という説明になりかねません。業態の境界は時代や環境の変化とともに変わりますが，これに対して機能は安定しています。本質をつかむためには機能の視点から考えることが大切です。

　リスクの移転とは，みずから負担することを望まないリスクを保険会社に移転することをいい，移転する側はリスクを限定できます。リスクの分散とは，同様のリスクを持つ集団でリスクを負担し，リスクを低減することをいいます。元祖「シェアリングエコノミー」といって良いかもしれません。

　保険取引は，リスクを移転する者と引受ける者との間で分業を促進します。すなわち「分業の利益」または「専門化の利益」を社会にもたらします。また，保険が存在しない場合，個人は貯蓄などでリスクに備えますが，自分自身に事故や災害などが生じなければ無駄になりますし，必要な額に到達するまで時間がかかります。これに対して，保険が存在する場合は，集団で支え合うため資源の無駄が少なくなります。つまり保険は資源配分の効率性を高め，「分散の利益」を社会にもたらします。これが保険の存在意義であると考えられます。

　ところで，保険会社は銀行などとともに金融（仲介）機関とされています。金融機関に共通する機能として，効率的な資源配分があります。また，リスクを管理する手段の提供があります。たとえば，銀行は市場リスクや信用リスクに対する「保険」を提供します。融資などの金融取引からリスクを分離・管理することが可能になるため，効率的なリスクの配分が達成されます。

第 2 章

生命保険

21 生命保険契約

　生命保険では４つのリスクに対応しています。死ぬ，病気になる，長生きする，寝たきりになるリスクです。夫婦で95歳まで生活するには二千万円必要との金融庁の試算が物議をかもしたように，十分な資産がなければ，長生きもリスクです。死亡には終身保険や養老保険，定期保険，疾病には医療保険やガン保険，老後には個人年金保険，介護には介護保険などが提供されています。

　これらの四大リスクには国なども強制加入である社会保険を提供していて，任意加入の民間保険とは補完関係にあります。社会保険の保障は最低限であり，とくに死亡保障は十分ではありません。また，社会保険は「保険」となっていますが，保険料は加入者のリスクによらず応能負担となっていますので，実質的には税金と同じです（図表21－１）。

　生命保険契約は，保険契約者と生命保険会社（保険者）の間で結ばれます。保険契約者は保険料を支払う義務とともに契約内容（保障額や保障期間，保険金受取人）を変更する権利などを有します。保険を掛けられている人を被保険者といいます。たとえば，父親が亡くなった時に遺族に生活資金を残したいと思って，生命保険に加入する場合，父親が被保険者・保険契約者，母親が保険金受取人というような形になります（図表21－２）。

　生命保険契約は，保険契約者の申し込みと生命保険会社の承諾によって契約が成立する「諾成」契約です。また，個人保険の場合はとくに具体的な契約内容について交渉の余地はなく，生命保険会社が作成した契約内容（保険約款）を包括的に承認することで契約が成立する「附合」契約です。さらに保険金の支払いが偶然によるので賭博性が内在するという「射幸」契約性が最大の特徴です。被保険者と保険契約者が異なる契約形態（「他人の生命の保険」）では，保険金殺人の可能性を完全に無視できません。このようなモラルリスクの発現を抑えるため，保険契約の申込み時には被保険者の同意が必要です。

図表21－1 社会保険と民間保険

	社会保険	民間保険
運営主体	国，地方公共団体など公的経営主体	私的法人
加入	強制加入（法律要件）	任意加入
給付額	ナショナル・ミニマム	ナショナル・ミニマムを超える給付
保険料	収入など保険料負担能力	リスクをもとに数理的に計算
財源	加入者＋雇用主（年金では税金）	加入者のみ
その他	所得再分配機能	自己責任

図表21－2 生命保険の制度

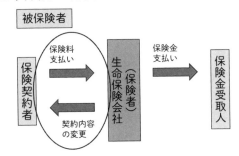

「他人の生命の保険」ではモラルリスクを抑えないといけないね！

22 3つの基本形 （死亡，生存，生死混合）

　人間は生きるか，死ぬか2つの状態しかありませんので，生命保険の基本形は死亡保険，生存保険，生死混合保険の3つです。死亡保険は，被保険者が死亡又は高度障害になった時，保険金が支払われます。保険期間が一定の定期保険と，保障が一生涯続く終身保険があります。保険はわかりやすいように，縦軸に保障額，横軸に保険期間をとって図案化します。定期保険は長方形，終身保険は矢印型になります。なお高度障害状態は，両眼の視力を全く永久に失ったもの等々，保険約款で詳細に規定されています。生存保険は，契約してから一定期間満了するまで被保険者が生存した場合のみ保険金が支払われます。年金保険や積立保険があります。満期に棒が立っているイメージです。ただ実際には，満期までに亡くなった場合，死亡給付金がでるように商品設計されていますので三角形になります。最後の生死混合保険は，保険期間中に死亡しても，満期まで生存していても保険金が支払われます。定期保険は満期まで生存していると保険金はありませんので，掛け捨て型と呼ばれます。生死混合保険の養老保険は，定期保険と純粋生存保険を足し合わせた形になります（図表22）。

　生命保険は一般的に定額保障ですが，投資性のある変額保険も販売されています。保険料が株式などに投資され，運用実績に応じて保険金が変動します。保険金が支払保険料を大きく下回らないよう最低保証があります。また，生命保険の被保険者は基本的に1人（単生保険）ですが，2人以上の保険（連生保険）もあります。夫婦ともに老後の保障をする夫婦年金，契約者である親が死亡した場合に，それ以降の保険料の支払いを免除して，被保険者の子供だけでなく親の死亡も保障する学資保険などです。

　これら基本的な保険を主契約として，病気での手術・入院を保障する疾病入院特約などをつけて保障を充実させます。また大型保障のために定期保険を特約としてつけます。保険契約は主契約と特約を組み合わせるのが特徴です。

図表22　3つの基本形

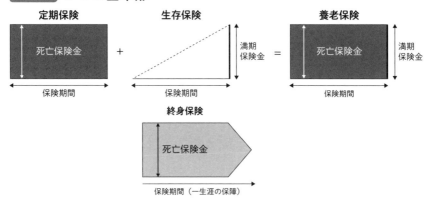

終身保険に定期保険の特約をつけて保障額を大きくするんだね！

23 保険約款

　保険契約は保険約款にもとづき締結されます。保険約款は，保険会社によってあらかじめ定められた，保険契約の契約条項です。保険約款が必要なのは，保険取引が多数の人々との定型的・反復的なものであり，契約者間の公平性を確保するためです。

　個人保険の保険約款の重要なポイントについて概説します。第一は告知義務です。加入時に過去の傷病歴，現在の健康状態など事実をありのままに告げる義務があります。告知義務に違反した場合，保険金などが受け取れず，契約が解除されます。ただし，①保険会社が，契約締結時に不告知の事実について真実を知っていたか，または過失によってこれを知らなかったとき，②保険会社が解除の原因を知ったときから１か月間解除権を行使しなかったとき，または責任開始から２年を経過したときは解除できません（保険法では５年です）。

　つぎに責任開始日は，保険会社が契約上の責任を開始する時期です。一般に，保険会社が契約を承諾した場合，①告知あるいは診査，②初回保険料充当金の払い込みのいずれか遅い時から責任が開始されます。要するに①②の両方が揃わないと保障が始まりません。図表23では，保険会社が承諾して契約が成立する前から責任が開始されています。これを遡及保険といいます。

　解約すると契約は消滅し，以降の保障はなくなります。また保険料の払込みがないと契約は失効しますが，契約を有効に継続させるために払込猶予期間が設けられています。さらに解約返戻金の範囲内で，保険料を自動的に立て替え，契約を継続させる制度にもなっています。このように保険約款には契約者の利益を擁護するための重要な規定が定められています。

　一方で，保険契約者などの重大な過失，被保険者の犯罪行為，精神障害，泥酔，無免許運転，酒気帯び等運転，地震・噴火・津波・戦争等，保険会社が保険金などを支払わなくてもよい免責事項が定められています。

図表23 **責任開始**

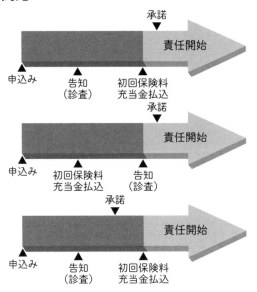

早く保障を受けるには，告知（診査）と初回保険料の支払いを済ませることだね！

24 営業保険料

　契約者が保険会社に支払う保険料を「営業保険料」といいます。営業保険料は「純保険料」と「付加保険料」からなります。純保険料は保険金などの支払いに充てられる保険料，付加保険料は手数料部分です。純保険料は予定死亡率と予定利率，付加保険料は予定事業費率をもとに算定されます。これら諸予定率をもとに保険料が算定されますが，生命保険は保険期間が長く，予定と実際との違いが生じます。たとえば死亡率を2％としていたところ，実際は1％だったとすると保険料が余りますので，これを死差配当として還元する。これが基本的な考え方で，同様に利差配当，費差配当が生じます。

　個人向け生命保険の保険料については，1996年の保険業法改正までは金融庁の事前認可が必要でした。付加保険料は，2006年に算出方法書の記載事項より予定事業費率に関する事項が削除され，自由化されました。これを受けてインターネットを通じて，安価な保険料で保険販売するネット系会社が2008年に誕生しました。もっとも生命保険はニーズ喚起型商品であり，営業職員等によるコンサルティングが重要なことから，保険料競争によるネット系生保のシェア拡大はさほど進んでいません。

　保険料計算の死亡率は，被保険者等の実際の死亡経験に基づき作成された経験表が使われます。保険金の支払いを確実なものとするために法律により積立てが義務付けられている「標準責任準備金」の計算にも，経験表が用いられます。経験表は，被保険者の性別，年齢別ばかりでなく，保険種類別，契約年度別など細かく作成されます。選択効果により，厚生労働省が作成する国民生命表よりも死亡率は低いという特徴があります。図表24は経験表にみた男性の死亡率の推移です。戦後一貫して死亡率が低下してきたこと，死亡率は12歳前後が最低であるなどの特徴が確認できます。なお2018年4月から「標準生命表2018」が適用されています。

図表24 死亡率の推移

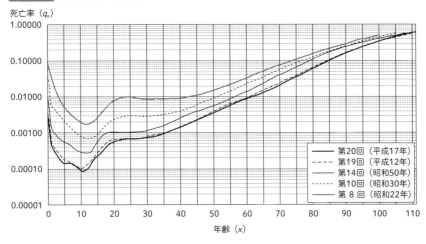

死亡率（q_x）

凡例
—— 第20回（平成17年）
---- 第19回（平成12年）
— 第14回（昭和50年）
---- 第10回（昭和30年）
— 第8回（昭和22年）

年齢（x）

（出所）　日本アクチュアリー会資料

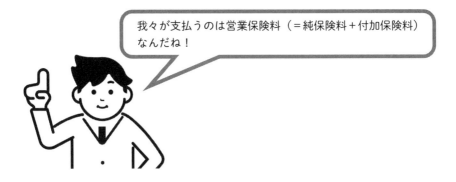

我々が支払うのは営業保険料（＝純保険料＋付加保険料）なんだね！

25 現価計算

　保険料計算で重要なのは現価計算です。生命保険は長期商品で，保険料や保険金の収受の時期が大きくずれますので，予定利率（保険会社が定めた金利）で現在価値に割り引く必要があります。5 年後の5,000万円の保険金と，30年後の5,000万円は価値が異なるからです。

　まず金利計算から説明します。単利計算は，運用期間中の利息は再投資しないものとして計算されます。たとえば，元金 1 万円，年利率 5 ％の場合，3 年後の元利合計は図表25－ 1 のように11,500円となります。利息500円が毎年元本から生じるという計算方法です。しかし，保険や金融では複利計算をします。利息の繰り入れを期末ごとに続けますので，利息に利息が付きます。この例では11,576円です。両者の差76円は，利息が利息を生んだ部分になります。複利で計算する効果は，金利が高いほど大きくなります。

　現在価値を求めるのは，いま行った将来の元利合計を求めるのと反対の計算をします。掛け算の逆，割り算をします。10年後の保険金100万円は，年利率 5 ％のとき現在の価値に直すといくらか？という問題を考えます。図表25－ 2 のように610,391円が現在価値です。ところが実際にこの割引計算をするのは大変です。そこで一番下のように，金利 5 ％のときに10年後の保険金を現在価値に戻す比率，0.610391という数値をあらかじめ計算しておけば，保険料の現価計算が楽になります。この比率のことを「現価率」といいます，金利，期間の違いに応じて現価率を一覧にしたものを現価率表と呼びます。

　最後に，保険料計算では，期始払い，期央払い，期末払いの違いを考慮して割引計算をします。図表25－ 3 をみるとわかるように，期末に支払うお金は，期始に支払うお金に比べて，割引の期間が 1 年間長いです。たとえば，いま2024年の期始だとして，2025年の期始払いは 1 年分を割り引き，2025年の期末払いは 2 年分を割り引くことになります。

図表25-1 単利，複利

元金1万円，年利率5％の場合
　①単利計算
　　　3年後の元利合計 ＝ 10,000円 ×（1＋3×0.05）＝ 11,500円
　②複利計算
　　　3年後の元利合計 ＝ 10,000円 ×（1＋0.05）^{3} ＝ 11,576円

図表25-2 現価計算

現価 ＝ 1,000,000円 ÷（1＋0.05）^{10}
　　 ＝ 1,000,000円 ÷ 1.62889 ＝ 613,910円
　　 ＝ 1,000,000円 × <u>0.61391</u> ＝ 613,910円
　　　　　　　　　　現価率

図表25-3 期始払い，期央払い，期末払い（イメージ）

保険や金融では複利計算なんだね！

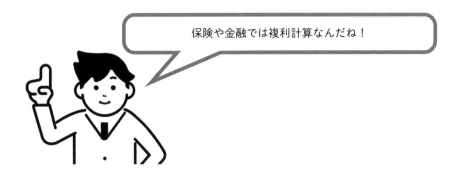

26 自然保険料

　死亡保険金額が百万円，予定利率が１％，被保険者が30歳の男性で，保険期間「１年」の定期保険に加入するときの純保険料を計算します。今回用いる経験表は図表26－１です。たとえば30歳の男性が98,434人いて，うち85人が年内に死亡し，31歳を迎えるのは98,349人です。使用する予定利率１％の現価率表は図表26－２です。現価率表の縦軸は，保険加入後の経過年数を表します。現価ベースでの収支相等の原則は，収入保険料総額×期始払現価率＝支払保険金総額×期央払現価率です。死亡保険金は年間を通じ平均して支払われるとみなし期央払現価率，保険料は期初に収入されるとして期始払現価率を使います。

　いま求める純保険料をＰとおくと前式は，加入者数×Ｐ×期始払現価率＝死亡保険金額×死亡数×期央払現価率となります。図表26－２の加入１年目の期始払現価率は，「今の今」ですから当然１になります。そこで式の両辺を加入者数で割ると，Ｐ＝死亡保険金額×期央払現価率×死亡数／加入者数と変形できます。死亡保険金額には百万円，期央払い原価率は現価率表より0.995037，死亡数と加入者数（生存数）は経験表の30歳の行を見れば85人，98,434人です。これらの数値を代入して計算すると，純保険料は859円となります。

　同じように31歳，32歳，33歳，34歳の保険期間１年の純保険料を計算します。変わるのは，死亡数と加入者数（生存者数）が経験表を１行ずつ下がっていく点だけです。たとえば，31歳では，死亡者数が88人，生存者数が98,349人となります。現価率は加入１年という経過年数に変化がないので一行目を使用することに変わりはないので注意してください。結果は，890円，911円，953円，994円となります。本例での各年齢の純保険料は，死亡保険金額（百万円）×期央払現価率（0.995037）×死亡率であり，最後の死亡率だけが年齢に応じて上昇していきます。このように死亡率にもとづいて１年ごとに計算される保険料を「自然保険料」といいます。

図表26−1　経験表

生保標準生命表　2007（死亡保険用）【男性】

年齢	生存数	死亡数	死亡率	平均余命
30	98,434	85	0.00086	49.20
31	98.349	88	0.00089	48.24
32	98.261	90	0.00092	47.28
33	98.171	94	0.00096	46.33
34	98.077	98	0.00100	45.33
35	97.979	103	0.00105	44.41

図表26−2　現価率表

現価率（1％）

年	期始払現価率	期央払現価率	期末払現価率
1	1.000000	0.995037	0.990099
2	0.990099	0.985185	0.980296
3	0.980296	0.975431	0.970590
4	0.970590	0.965773	0.960980
5	0.960980	0.956211	0.951466
6	0.951466	0.946744	0.942045

自然保険料は死亡率の上昇に応じて上がるんだね！

27 平準保険料

　自然保険料とは異なり，実際の保険期間は複数年にわたります。死亡保険金額，予定利率，被保険者の性別・年齢はそのままで，保険期間が「5年」である定期保険の純保険料を計算します。全保険期間で一定の保険料，「平準保険料」をP円とすると収支相等の条件は図表27－1です。加入経過とともに，現価率も下線部のように現価率表を1行ずつ下がっていきます。保険金・保険料は全期間同じなので，枠内の部分をまとめて計算したのが図表27－2です。生存数に期始払現価率をかけて合算すると481,668人，死亡数に期央払現価率をかけて合算すると443.554555人です。現価率をかけるので端数が出ます。481,668×P＝100万円×443.554555を解くと，平準保険料は921円です。

　自然保険料と比較すると30歳，31歳，32歳では，平準保険料が62円，31円，10円高く，逆に33歳，34歳では32円，73円安くなります。死亡率の低い，保険期間前半では平準保険料が自然保険料より高く，保険金支払に充当されない剰余が生じます。この剰余分が運用され積立てられます。一方，死亡率の高い，保険期間後半では，平準保険料が自然保険料を下回って保険金支払いに不足が生じます。保険期間の前半部分の剰余はこの穴埋めに使われます。剰余が予定利率どおりに運用されれば，最終年には収支が相等します。平準保険料は，全期間を通して収支が相等する一定の保険料のことです。

　つぎに養老保険の保険料は，定期保険の保険料に満期保険金分の保険料を加えます。満期保険金は期末払現価率で割り引きます。収支相等の条件において，保険料の受け取りは同じなので481,668×P＝満期保険金額×35歳の生存数×5年の期末払現価率＝100万円×97,979×0.951466です。これを解くと満期保険金分の保険料は193,543円です。定期保険分の921円を加えて，養老保険の平準保険料は194,464円となります。

図表27－1 収支相等(1)

```
 P ×│30歳の加入者数 × 1年目の期始払現価率│
+P ×│31歳の加入者数 × 2年目の期始払現価率│
+P ×│32歳の加入者数 × 3年目の期始払現価率│   5年間の収入保険料
+P ×│33歳の加入者数 × 4年目の期始払現価率│   の現価の合計
+P ×│34歳の加入者数 × 5年目の期始払現価率│

                  ＝

 死亡保険金額 ×│30歳の死亡数 × 1年の期央払現価率│
+死亡保険金額 ×│31歳の死亡数 × 2年の期央払現価率│
+死亡保険金額 ×│32歳の死亡数 × 3年の期央払現価率│   5年間の支払保険金
+死亡保険金額 ×│33歳の死亡数 × 4年の期央払現価率│   の現価の合計
+死亡保険金額 ×│34歳の死亡数 × 5年の期央払現価率│
```

図表27－2 収支相等(2)

年齢	生存数 ①	期始払 ②	①×②	死亡数 ④	期央払 ⑤	④×⑤
30	98,434	1.000000	98,434	85	0.995037	84.578145
31	98,349	0.990099	97,375	88	0.985185	86.696280
32	98,261	0.980296	96,325	90	0.975431	87.788790
33	98,171	0.970590	95,284	94	0.965773	90.782662
34	98,077	0.960980	94,250	98	0.956211	93.708678
計			481,668			443.554555

図表27－3 自然保険料と平準保険料の差

年齢	自然保険料 ①	平準保険料 ②	差額 ①－②
30	859	921	▲62
31	890	921	▲31
32	911	921	▲10
33	953	921	32
34	994	921	73
計	4,608	4,605	3

28 責任準備金

　生命保険は保険期間が長いので，将来の保険金や給付金の支払のために「責任準備金」を積み立てておく必要があります。将来法による責任準備金は「将来の保険金支払額の現価－将来の保険料収入の現価」です。将来，保険金などを支払うために，いま必要な責任準備金はいくらかを計算します。一方，過去法による責任準備金は，「既に受け取った保険料収入＋利子収入－既に支払った保険金」です。これはすでに積み立てられている責任準備金の額です。保険会社の健全性を検証するうえでは将来法が重要です。予定死亡率など保険料の計算基礎率が予定どおりに推移していれば，将来法と過去法の責任準備金は一致します。

　責任準備金の推移パターンは大きくわけて2つです（図表28－1）。定期保険は，保険期間の途中まで責任準備金が増加しますが，それ以降は減少に転じ，最終的にはゼロになります（山型）。満期保険金が必要ないからです。一方，養老保険は，保険期間の経過に従い増加，満期時には満期保険金額の水準に達します（坂道型）。終身保険は満期がありませんが養老保険に近いイメージです。

　1996年の保険業法改正以前は，保険料計算と責任準備金積み立ての予定利率が同じでした。この場合，養老保険で高い予定利率を設定すると，保険料は引き下げられる一方，保険期間途中の積立額が少なくなり，保険期間後半で積増額が大きくなります。図表28－2のように責任準備金のカーブが下にたわみます。2000年前後に生命保険会社の破綻が相次ぎました。長期的に運用利回りが予定利率を下回る状態が続き，必要な責任準備金の積み増しができなくなったからです。坂道の途中で頂まで登り切れずに，息切れをする形になりました。

　現在は「標準責任準備金制度」です。積立方式は，チルメル式（After Class①：生保破綻を参照）は認められず，健全性の高い平準純保険料式です。また積立利率は，保険料の計算基礎率（保険会社の決めた保険料水準）と関係なく，当局が国債の利回りを参考に決めています。

図表28-1 **責任準備金の2パターン**

【定期保険の責任準備金】

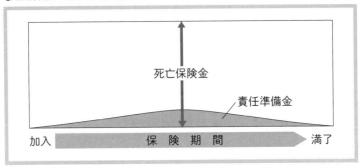

【養老保険の責任準備金】

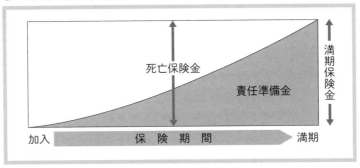

図表28-2 **予定利率の責任準備金への影響**

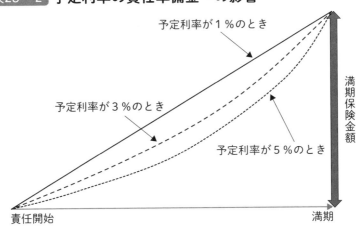

生保破綻

（生徒）　2000年代初めに生保破綻が相次ぎましたが，その原因は何でしょうか。

（先生）　1つは1980年代後半の予定利率の引き上げがあります。

（生徒）　予定利率は，保険料の割引金利なので，その引き上げは保険料を引き下げる要因になりますね。

（先生）　はい。図表1を見てください。80年代前半の国債利回りが8％程度，簡保との競争もあって保険種類・期間によっては6.25%にした商品もありました。

（生徒）　そのあと予想外のバブルの崩壊によって，運用環境が大きく変わってしまったわけですね。

（先生）　問題は，予定利率が保険期間満了まで変更できない保証利率だという点です。個人保険では既契約は変更できません。

（生徒）　生保の運用利回りが予定利率を下回る「逆ザヤ」が続き，責任準備金を適正に詰めなくなったわけですね。

（先生）　もう1つは責任準備金の積立方式です。図表2を見てください。チルメル式は平準純保険料式に比べて積立水準が低いことがわかります。

（生徒）　なぜ，チルメル式が認められていたのですか？

（先生）　生保は新契約費が多くかかり，保険年度の初期では契約の収支は赤字です。経営の実態に合っている面もあり，体力のない会社には認められていました。

（生徒）　標準責任準備金制度の積立方式では，チルメル式は認められず，平準純保険料式になりました。健全性の観点からの制度改正だったわけですね。生保破綻は契約者にどう影響しましたか。

（先生）　責任準備金の90％までは保証されますが，保険金額は保証されません。預金とは違います。新会社に保険契約を移転する際には責任準備金の削減のほか，予定利率の引き下げ等の契約条件の変更も行われます。

（生徒）　結果，保険金額が引き下げられたわけですね。

（先生）　貯蓄性が高く，また期間の長い終身保険，養老保険，個人年金保険などは減少幅が大きくなりました。

図表1 諸金利の動向

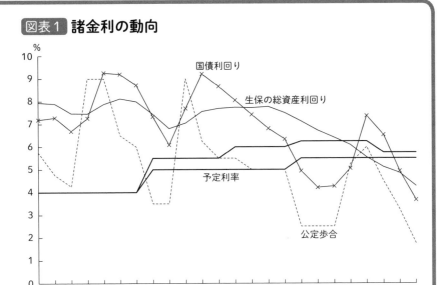

（注）　生保の総資産利回りは1985年より日々平残方式，それ以前はハーディ方式。

図表2 責任準備金の積み立て方式

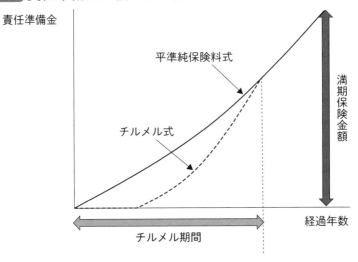

付加保険料の開示

ライフネット生命は，新規参入以来，付加保険料（手数料部分）を開示し，営業職員を販売チャネルとする伝統的生保に競争を挑んでいます。また，銀行は手数料の高い保険商品ばかりを顧客に勧めているのではないかとの疑惑から，2016年には金融庁が銀行窓販の手数料開示を要求し，大手5行を中心に販売手数料を開示しました。付加保険料の開示のあり方は，生保の価格競争において重要な関心事項です。

純保険料を各社同じだと仮定する必要がありますが，付加保険料を比較するために，単純な定期保険（30歳男性，10年満期，保険金額1,000万円）の営業保険料を調べました。

2023年現在，ネット系生保は概ね1,000円前後に対し，日本生命は2,500円程度，第一生命は2,200円程度（健康診断の割引で1,750円）でした。第一生命グループのネオファースト生命はネット系生保と同水準，日本生命グループの「はなさく生命」はオンラインだけでなく対面でも募集していて1,700円くらいと両者の価格戦略等の違いが垣間見られます。

都民共済は死亡・医療保障の総合保障なので比較が若干難しいですが，30歳男性の場合はライフネット生命とほぼ同じだと思われます。ただし，都民共済は相互扶助をより重視する観点から年齢別の保険料設定ではなく，65歳までは同一の営業保険料です。したがってリスクの高まる高齢者には割安です。

価格競争促進による生保業界における効率性向上は必要です。ネット系生保の登場により価格の比較可能性が高まりました。当初はネット系生保に対して5倍程度であった伝統的生保の付加保険料は，現在2〜3倍程度に低下したのではないかと推察されます。

一方において，生保販売の特徴はニーズを喚起しながら複雑な商品内容をコンサルティングするところにあります。フリーライド（営業職員から情報を入手してネットで加入するなど）の発生が生保市場に及ぼす影響にも配慮が必要かと思われます。

第3章

損害保険

29 損害保険契約

保険契約に関する一般的なルールを定めた「保険法」によると，生命保険契約は，人の生存または死亡に備える保険です。一方，損害保険契約は「偶然の一定の事故」と定めるだけで，具体的な対象を特定していませんが，基本的には財物の損害に備える保険と考えて良いでしょう。なお，人に関する事故により損害賠償責任や費用の損害が生じる保険は，損害保険に含まれます。

家計と保険会社の間で結ばれる火災保険や自動車保険などの損害保険契約は，「消費者契約」に分類されます。消費者契約は，消費者と事業者の間に情報や知識，交渉力に格差が存在するため，保険契約者は保険会社に対して不利な立場に置かれます。一方，保険契約者のリスクについて，保険会社との間に情報の非対称性が存在し，逆選択やモラルハザードの問題が起こります。この場合，契約者間の公平性を損ない，保険会社もこれらのコストを負担します。

損害保険契約の給付は，保険会社が偶然な一定の事故によって生じる損害をてん補する（埋め合わせる）ことです。給付を受ける人は，損害を被る者（被保険者）です。このように，損害を被る人と物との関係を「被保険利益」といい，被保険利益は損害保険契約が有効に成立するための重要な概念とされています。

以上から，損害保険契約が適正に履行されるために，保険会社は消費者保護を推進するとともに，契約者への規律付け（義務）などにより，情報の非対称性を緩和・解消するような契約の設計が求められます。一方，保険契約者も情報を入手し，契約内容の理解に努めることが望ましいといえます（図表29－1）。

保険契約は，当事者の合意の意思表示のみによって成立する契約（諾成契約）ですが，実務上は一定の方式に従って契約を結び（要式契約），保険料の払い込みによって有効に契約が成立します（要物契約）（図表29－2）。また，宝くじのように，偶然の事情により給付が確定する契約（射倖契約）です。ガスや水道と同様，保険会社があらかじめ作成した契約内容（符合契約）に従います。

図表29-1 損害保険契約

損害保険契約とは

保険会社は偶然な一定の事故によって生じる損害をてん補することを約束 ┐ 両者に法律上の
契約者は保険会社のリスク負担に対して保険料を支払うことを約束 ┘ 権利・義務が発生

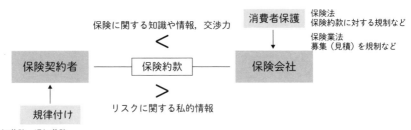

保険に関する知識や情報，交渉力

消費者保護

保険法
保険約款に対する規制など

保険業法
募集（見積）を規制など

保険契約者　＜　保険約款　＞　保険会社

規律付け

リスクに関する私的情報

告知義務，通知義務
被保険利益（利得禁止），損害防止義務など

図表29-2 保険契約の性質

項目	特徴	性質
契約者の意思表示	申込書の必要欄に記入し，記名・押印	要式契約（保証）に近い
契約の成立	意思表示の合致＋保険料の払込み	要物契約（ローン※1）に近い
契約の内容	給付義務が偶然の出来事に依存	射倖契約（宝くじ）
	定型・標準的な内容を定めた保険約款	符合契約（公共料金）
契約上の権利義務	保険金支払義務と保険料支払義務	双務・有償契約（※2）

※1　書面または電磁記録によらない金銭消費貸借契約

※2　当事者双方の義務（保険金支払義務と保険料支払義務）が対価関係にある。

30 損害保険の種類

　生命保険が人の生存または死亡（実際には病気やケガ，介護などに備える定額給付の保険も「生命保険」と認識されているようです）を対象とするのに対して，損害保険は財物をはじめ，他の損害も対象としています。粗い整理ですが，生命保険は"ヒト"に関する定額保険，損害保険はヒト以外の"モノ"に関する（不定額）保険とするとわかりやすいでしょう。

　現在，多種多様な損害保険が存在します。これを商品のラインナップに従い，「くるまの保険」「住まいの保険」「からだの保険」「旅行・レジャーの保険」「損害賠償に備える保険」などのように分類されることがあります。確かにわかりやすいのですが，「くるまの保険」にも賠償責任保険が含まれているなど，分類としては簡便なものと理解したほうがよさそうです。そこで，損害の形態を基準に次の4つに損害保険を分類することができます（図表30）。すなわち，①財物（財産）の損害，②金銭に関する損害（収入の減少・支出の増大），③賠償責任による損害，④人に関する損害，に備える保険です。損害保険商品は，これらを個別にまたは組み合わせて提供されています。ところで，④は病気やケガで生じた費用をカバーする保険などが含まれますが，実際に損害保険会社が取り扱う傷害保険は，契約で定めた金額が保険金として支払われる定額給付の保険が一般的です。もっとも，傷害保険契約は人の生死を対象とする生命保険契約ではありません。病気やケガ，介護などに備える保険は，「第三分野の保険」とよばれ，生命保険と損害保険の中間的な領域に位置づけられています。生命保険会社も損害保険会社もこれらの保険を取り扱うことが可能です。

　定額保険は，実損填補の損害保険と比べて保険金の支払いに関するコストが低いという長所があります。近年，たとえば震度に応じて定額の保険金を支払う「インデックス保険」（図表30参照）が提供されています。伝統的な損害保険ではありませんが，保険の可能性を広げる点で注目されます。

図表30 損害保険の分類

損害の形態を基準とする損害保険の分類

①財物（財産）の損害　　　②金銭に関する損害（収入の減少・支出の増大）
　　　　　　　　　　　　　　①または④に派生して生じる損害

③損害賠償責任による損害　④人に関する損害
　　　　　　　　　　　　　　身体に対するケガに備える傷害保険は，定額払いが主流

　　　　　　　　　　　　　　個別または組み合わせて
　　　　　　　　　　　　　　保険商品を作成

自動車保険（任意保険）

| 対人賠償責任保険 |
| 対物賠償責任保険 |
| 人身傷害保険 |
| 車両保険 |

など

○インデックス保険（パラメトリック保険）
　地震や天候に関する指標（震度，降水量など）に応じて，契約で定めた金額を支払う
保険。
　損害調査は行われず，迅速に保険金が支払われるなどの点で，伝統的な損害保険と異
なる。

実損払い方式と定額払い方式のメリットとデメリットを考え
てみよう！

31 リスク細分型保険

　ダイレクト型（通販型）自動車保険は，リスク細分型保険としても知られています。リスク細分型保険とは，保険料を算出する根拠となるリスク要因を細かく区分して保険料を設定する保険です。自動車保険の場合，年齢や性別，自動車の使用目的など，9つのリスク要因が法で定められています（保険業法施行規則）。なお，米国の大学生向けの自動車保険には，成績によって保険料が変わるものがあるそうです。

　また，保険業法は保険料算出について，次の3原則を定めています。すなわち，①合理的であること，②妥当なものであること，③特定の者に対して不当な差別的取り扱いをするものでないこと，です。

　「給付反対給付均等の原則」を思い出してください。保険料は保険金の期待値で表されます。リスクの大きさで保険料が決まるのが加入者にとって公平であることから，「保険料公平の原則」ともいいます。加入者によってリスクが異なるにもかかわらず，平均的な保険料を設定すると，「逆選択」が生じます。低リスク者が不利に，高リスク者が有利になり，加入者間で不公平が生じます。市場メカニズムの視点からみると，リスクに応じた保険料は高リスク者のコストを低リスク者が負担する「内部補助」を防ぎ，効率的な資源配分を達成することができます（図表31-1）。

　したがって，リスク細分型保険のように加入者のリスクを区分または分類することが重要です。ただし，リスク分類には費用がかかるため，リスク分類の便益が費用を上回る必要があります。リスク分類の費用には，金銭的な費用や時間だけではありません。差別の社会的影響も含まれます。EUでは2012年12月以降，保険料に男女差を設けることを禁止し，一律の保険料となっています。男女で保険料に差をつける「公平」よりも，差をつけない「平等」（または人権）を重視しています（図表31-2）。

図表31－1 リスク分類の効果

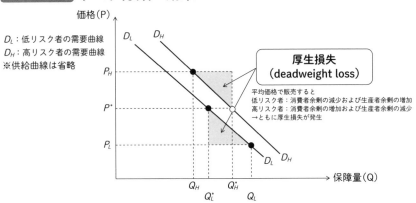

D_L：低リスク者の需要曲線
D_H：高リスク者の需要曲線
※供給曲線は省略

厚生損失
(deadweight loss)

平均価格で販売すると
低リスク者：消費者余剰の減少および生産者余剰の増加
高リスク者：消費者余剰の増加および生産者余剰の減少
→ともに厚生損失が発生

リスク分類の効果は経済的非効率の改善（厚生損失の減少）

図表31－2 平均保険料と個別保険料

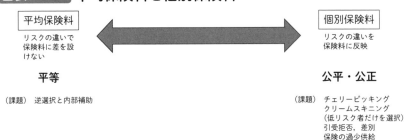

平均保険料

リスクの違いで
保険料に差を設
けない

平等

（課題） 逆選択と内部補助

個別保険料

リスクの違いを
保険料に反映

公平・公正

（課題） チェリーピッキング
クリームスキニング
（低リスク者だけを選択）
引受拒否，差別
保険の過少供給

32 異常危険準備金

　保険会社は，多くの加入者から多様なリスクを引き受けます。「大数の法則」「中心極限定理」に基づき，収支の安定化を図りますが，大規模災害などにより，保険料収入を大きく上回る保険金支出が生じる可能性があります。したがって，保険会社のリスク管理が重要です。

　保険財務の健全性を確保するために利用されるファイナンスとして，各種の準備金や再保険，キャットボンドなど多様な手段があります。もっとも，大災害後に新株を発行するのは難しく，再保険やキャットボンドは取引コストを考慮する必要があります。

　異常危険準備金は，損害保険会社が将来の保険責任を果たすために積み立てる「責任準備金」の１つで，単年度では収支の均衡が困難な巨大災害に備えます。自賠責保険と地震保険を除く全種目が対象です（地震保険は，危険準備金を積み立てます）。ルールに基づいて準備金を積立て，取崩す必要があるものの，税制面の支援を受けており，主軸となるファイナンス手段です。

　2022年３月末の異常危険準備金残高は３兆1,524億円，うち火災保険は7,328億円です（図表32－１）。近年大規模災害が多発したため，損害保険会社は異常危険準備金を大きく取崩して，巨額の保険金の支払いに充てました。結果，2020年３月末，火災保険の異常危険準備金は6,279億円にまで減少，最も多かった2011年３月末の半分以下の水準になりました。準備金残高は回復傾向ですが，安定財源として利用できるように，税制面の支援が強化されています（図表32－２）。

　なお，大規模災害や金融市場の顕著な悪化など，通常予測できる範囲を超えるリスクに対して，保険会社はソルベンシー・マージン（支払余力）を確保することが監督官庁の金融庁より求められます。３メガ損保の比率は概ね600～900％台，リスクの3.0～4.5倍程度の，異常危険準備金を含む（広義の）自己資本を保持しています。

図表32－1　異常危険準備金（火災）残高の推移

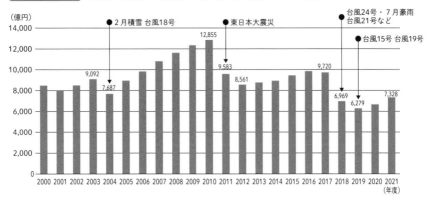

（出所）　保険研究所『インシュアランス（損保版）損害保険統計号』

図表32－2　異常危険準備金の位置づけ

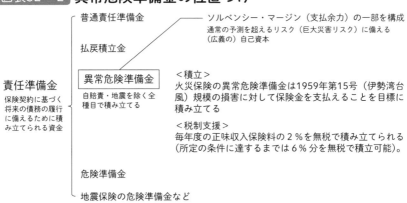

33 自然災害と損害保険

　近年，大規模自然災害が頻発しています。火災保険について，個々の加入者との保険契約に基づいて支払った保険金を表す「元受正味保険金」は2018年度から５年連続１兆円を超えています（図表33－１）。火災保険の収支は，2010年度から赤字が続いています。保険料は20年で４割上昇しています。

　ところで，火災保険は火災に備える保険をイメージしがちです。しかし，火災保険の主流は火災のほか，風水災，事故による災害など住まいを取り巻く様々なリスクをカバーする総合保険です。また，すべてのリスクをカバーするオールリスク型が主流です。

　住宅総合保険は，1959年に甚大な被害をもたらした伊勢湾台風がきっかけでした。損害保険料率算出機構によると，2021年度末において，火災保険に水災補償が付帯されている割合（付帯率）は65.4％で，緩やかな低下傾向が続いています。

　住宅総合保険の補償範囲は広いのですが，地震・噴火またはこれらによる津波を原因とする損害に対しては，保険金が支払われません。地震のリスクについては地震保険で備えます。ただし，地震保険は単独では入れず，火災保険とセットで加入します。

　地震保険制度は新潟地震を契機に1966年に創設されました（図表33－２）。その目的は，地震などに被災した保険加入者の生活の安定に寄与することです。住宅を再建するものではなく，火災保険と比べて補償が制限されています。それでも地震は巨額の損害をもたらす可能性があるため，政府が再保険を通じて保険会社をバックアップします。この意味で，地震保険は公共性の高い保険です。

　近年，地震保険を補完する新たな保険商品が開発されています。地震保険に付帯し，保険金を上乗せして支払う特約が一例です。少額短期の地震費用保険（定額タイプ）や観測震度に応じて定額の保険金を受け取れる簡易な保険は，地震保険とは別に加入することができます。

図表33-1 元受正味保険金（火災）と火災保険収支の推移

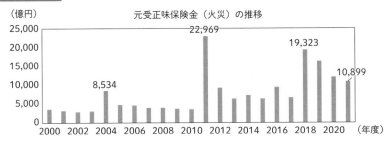

元受正味保険金＝元受保険金－保険金戻入

（出所） 日本損害保険協会

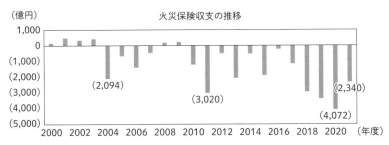

（出所） 保険研究所『インシュアランス（損保版）損害保険統計号』

図表33-2 地震保険加入件数，世帯加入率，地震保険付帯率の推移

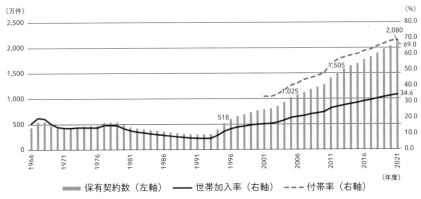

（出所） 損害保険料率算出機構「地震保険統計」

34 再保険

　再び保険すると書いて再保険。保険会社は，顧客から引き受けたリスクの一部またはすべてを他の保険会社に移転（分散）することができます。たとえば，展覧会に展示される美術品に対して保険を引き受ける場合，貴重な美術品の損害は高額になるかもしれません。しかも，「大数の法則」が働きにくく，同様のリスクを持つ加入者を増やすのは困難です。もし再保険を通じて他の保険会社もリスクを負担すれば，保険会社間でリスクが分散され，引受けが可能になります。

　保険会社にとって，再保険は加入者へ支払う保険金の財源を確保（事業が安定化）するだけでなく，保険引受能力（キャパシティ）を補完し，リスクに備えるために必要な資本量を節約する機能を果たします。これらから，再保険はリスクを管理する重要な手段といえます。再保険は損害保険が一般的ですが，生命保険でも利用されています。

　再保険市場の動向を見てみましょう。日本の損害保険会社が引き受けたリスクを海外の保険会社に再保険する取引額（保険料）は2021年度，1兆741億円で，2017年度から急上昇しています（図表34－1）。日本国内の再保険需要の増加と海外の大規模災害の頻発などにより再保険価格の上昇が影響しています。反対に，海外の損害保険会社が引き受けたリスクを日本の保険会社が引き受ける取引額は4,939億円で，緩やかながら上昇傾向がみられます。また，出再保険収支は回収額が少なく赤字基調ですが，大規模災害により2度黒字になっています（図表34－2）。

　世界の再保険市場は保険会社のネットワークで結ばれています。そして，リスクは世界中を駆け巡ります。世界上位の再保険者は，アメリカのバークシャー・ハサウェイを除くと，スイス再保険，ミュンヘン再保険，ハノーバー再保険の欧州勢が占めているのが特徴です。17世紀後半に発足した英国のロイズ保険組合も，再保険市場において重要な地位を占めています。

図表34−1 出再保険料と受再保険料の推移

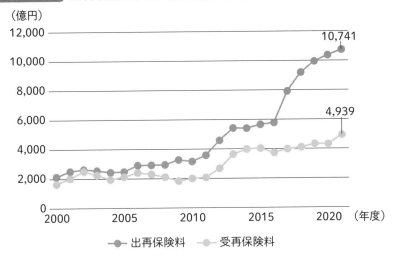

図表34−2 出再保険収支と受再保険収支の推移

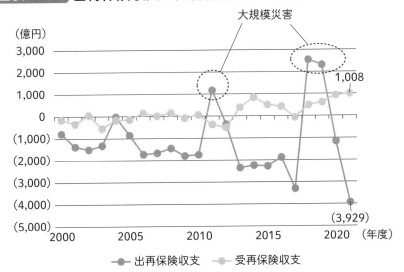

・出再保険は他の保険会社にリスクを移転（分散）
・受再保険は他の保険会社からのリスクを引き受ける

35 キャットボンド

　キャットボンドは，カタストロフィボンドの略称で，大災害債（券）と訳されます。保険リスクの損害実績に連動して価値が変動する「保険リンク証券」の代表です。大災害が発生した場合，保険会社は投資家から調達した資金を保険金の支払いに使用し，災害の規模に応じて償還する元本が減少します（図表35－1）。このため，リスクを負担する投資家はリスク・プレミアムを上乗せした高い金利を受け取ります。また，投資家にとって，キャットボンドは，株価や金利変動との相関が低いため，ポートフォリオのより高い分散効果を期待することができます。一方で，通常の保険取引と比べて多くの関係者が関与する複雑なスキームのため，取引コストが大きくなります。

　キャットボンド市場は，1990年代前半に創設された新しい市場です（図表35－2）。近年では毎年100億ドル兆の債券が発行され，成長が続いています。世界で大規模災害が頻発する状況のもと，再保険市場を補完し，リスク資本を提供する役割を果たしています。キャットボンドの主な発行主体は，（再）保険会社です。日本の大手損害保険会社やJA共済連も債券を発行し，資本市場にリスクを分散しています。また，少数ながらオリエンタルランドやJR東日本のような一般事業会社も発行しています。

　将来予想される損害に対して保険が付いていないプロテクションギャップを縮小するためには，防災・減災による損害の削減とあわせて，十分な保険を確保し，災害レジリエンス力を高める必要があります。この意味で，キャットボンド市場のさらなる成長が期待されています。

　近年，サイバー攻撃やパンデミック（感染症）に備えるキャットボンドが発行されています。また，コロナ禍で公的機関や政府・自治体による発行が検討されるなどの動きが見られます。一方，発行に関わる取引コストを削減し，市場参加者を拡大することが大きな課題です。

図表35−1　キャットボンドのスキーム

実損害との乖離（ベーシスリスク）

○トリガー（発動条件）

スポンサーの保険金支払額，保険業界全体の損失額，モデルによる保険金支払額の推計値，観測データ（パラメトリック）

○関係者

SPV設立	ブローカー・証券会社など	法的手続	法律事務所
商品設計	ブローカー・証券会社 モデリング会社	格付け	格付機関
証券発行・支払・ 計算の代理	保管機構・銀行	規制監督	行政機関
仲介	証券会社		

図表35−2　キャットボンド市場

発行額と残高の推移（単位：億ドル）

（注）　2021年は暫定値
（出所）　GC Securities

36 キャプティブ

キャプティブ（専属保険子会社）は，大企業のリスクファイナンス手段の一つです。小企業は家計と同様，保険への依存が強いのですが，大企業は保険以外の選択肢が増えます。

完全資本市場を前提とすると，株式を公開し，株主が広く分散している上場会社について，保険の購入は企業価値に影響を与えません。詳細はコーポレートファイナンスに譲るとして，大企業におけるリスクファイナンスの役割を広い視野で理解するうえで重要な論点です。

保険に対して，リスクを内部で保有するキャプティブは，自家保険の発展した形態であると言われています。たとえば，多くの自動車を所有するタクシー会社は損害の発生率を予測しやすいため，損害を自社の内部資金で手当てすることが可能です。これを自家保険といいます。

これに対して，キャプティブは親会社やグループ会社，関連会社，または事業者団体等のリスクを専門に引き受ける保険会社です（図表36－1）。複数の会社が間借りするレンタ・キャプティブもあります。ゆえに，企業は市場でも内部組織でも保険を利用しています。経済学の取引コスト理論によれば，保険市場の取引コストが高い（高価格，保険の入手困難）と企業はキャプティブを利用します。

キャプティブの長所として，サイバーリスクなど非伝統的なリスクについて，柔軟でカスタマイズされた保険を入手することやグループ企業のリスクを一元管理することが可能です。多国籍企業では，海外拠点のリスクを包括的に補償する「グローバル保険プログラム」を利用しています（図表36－2）。

法規制により，日本企業は日本ではなく，海外にキャプティブを設立しています。そのため国内の損害保険会社からの再保険を通じて，キャプティブにリスクを移転します。高額のリスクはキャプティブから他の保険会社に移転し，安定したキャッシュフロー管理を行います。

図表36-1　再保険型キャプティブのスキーム

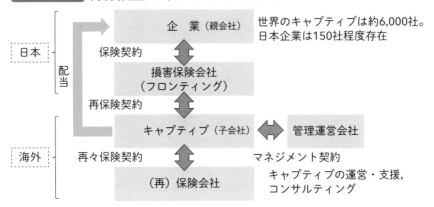

図表36-2　グローバル保険プログラム

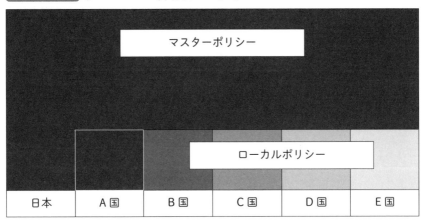

・マスターポリシーは，日本と付保規制のない国でのリスクをカバーし，ローカルポリシーでカバーできない部分を補償する（DIL・DIC）。
　■限度額差保険（Difference in Limits：DIL）
　　ローカルポリシーの支払限度額を超える損害を補償
　■条件差保険（Difference in Conditions：DIC）
　　ローカルポリシーの支払対象外の事故による損害を補償

37 デリバティブ

　米国を中心に1980年代後半以降，保険とデリバティブの両方の特徴をあわせもつ ART（代替的リスク移転手法）が現れました。1995年にシカゴ商品取引所（CBOT）が異常災害保険損失について PCS 指数（Property Claim Service 社が計算する指数）の先物取引を開始しました。ART では異常災害リスク以外にも，天候変動に対する予防策を提供しています。天候は旅行業，農業など様々な業界で，企業収益に変動を及ぼす要因です。たとえば，降雪はスキー場には恵みに，飛行場には禍となります。

　わが国の損害保険会社も，天候デリバティブや地震デリバティブを提供しています。前者は気温，降水量など一定のインデックスを定め，期間中のインデックスの推移に応じ所定の金額が支払われます。後者ではトリガーイベント（定められた条件を満たす地震）が発生すれば，所定の金額が自動的に支払われます。損害保険契約の特徴は実損填補にありますが，これらデリバティブ商品は損害を補填するものではなく，損害査定は必要ありません。

　米国の損保会社には金融保証の専門会社（モノライン）があります。サブプライムローン危機の際，銀行などに対しクレジット・デフォルト・スワップ（CDS）を使って証券化商品の保証を行っていました。CDS では，銀行などが対象となる信用リスクの主体（図表37の A 社（参照組織））の支払い不能に備え，債券や融資の元本を返済してもらう保証契約を結び，プレミアムを支払います。これが「プロテクションの買い」，保証側は「プロテクションの売り」です。A社が倒産や支払い不能に陥ると保証会社は銀行などに元本相当額を支払い，銀行は債券や融資債権を引き渡します。AIG は子会社の AIGFP がプロテクションの売り手として巨額のポジションを保有していました。2007年以降，リーマンショックによる金融危機が拡大するなか保証会社自身が債務不履行に陥るカウンターパーティ・リスクが顕在化しました。

図表37 CDS の仕組みとカウンターパーティ・リスク

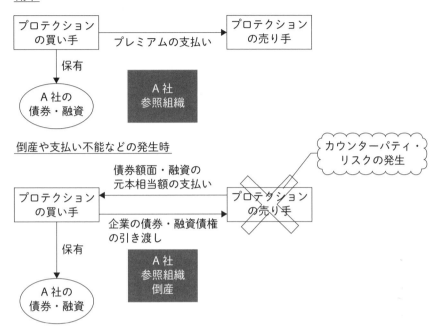

近未来の自動車保険

　近年自動車メーカーが「交通事故死者（死傷者）ゼロ」の実現を目標に掲げています。しかも，2030年，2050年などのそう遠くない未来のことです。そこで，日本の交通事故の近況をみてみましょう。

　国土交通省「令和4年版交通安全白書」によると，2021年の交通事故死亡者数は2,636人で，最も多かった1970年の16,765人の15.7％です。また，統計を取り始めた1948年の3,848人を大きく下回っています。負傷者についても2021年は362,131人で，2003年ピーク時の1,183,617人の30.6％に減少しています。交通事故死傷者減少の主な要因として，自動車の安全性能の向上や交通違反に対する罰則の強化などがあげられます。

　交通事故の減少は損害保険業界にどのような影響を与えるのでしょうか。2021年の自賠責保険の事故件数（死亡と傷害・後遺障害の合計）は789,322件，支払保険金は5,602億円で，それぞれピーク時の65.0％（対2003年比），60.7％（対2002年比）に減少しています。保険料も変動を繰り返しながらも低下傾向がみられます。これに対して，自動車保険の支払い件数は減少していますが，支払保険金は顕著な減少傾向はみられません。その理由は，自賠責保険は人身損害に対する賠償責任を対象とするのに対して，自動車保険は対人・対物賠償責任，傷害および車両など多様な損害を対象とするからです。対物賠償責任保険と車両保険は物価や修理費などの上昇により，保険金の支払いが増加します。車両保険は盗難や自然災害などによる損害も補償します。

　戦後，モータリゼーション（自動車の大衆化）が到来し，自動車保険は車両保険から賠償責任保険へと進化しました。今後自動運転のステージが上がり，完全自動運転（レベル5）に近づくと，ドライバーは基本的に運転操作が必要なくなるため，事故の責任は自動車に移り，メーカーの製造物責任が問われます。ハッキングによる交通事故が生じ，メーカーのセキュリティ対策に対して責任が問えない場合は，政府が責任を負うのでしょうか。「交通事故死者（死傷者）ゼロ」時代の自賠責保険・自動車保険の役割や将来像はどうあるべきか興味深いテーマです。

第 **Ⅱ** 部

金融リスクマネジメント

38 金融リスクマネジメントとは何か

　金融リスクマネジメントの目的は，市場リスクや信用リスクによる損失を最小化し，企業価値の最大化を図ることです。金融リスクについてはファイナンス理論にもとづいた，リスク計測ならびにヘッジ手段やマネジメント手法が早くから発展してきました。

　相場には Do not put all your eggs in one basket.（卵を１つのカゴに盛るな）との格言があります。株式・債券など資産の分散投資から，株式ポートフォリオの銘柄構成まで，リスク分散が重要です。リスク分散の源泉は，資産間，銘柄間の収益変動が同じでない（完全な正の相関ではない）ことにあります。反対の動きをするものを組み合わせると，一方の収益が下落しても，もう一方が上昇してカバーするので，全体のリスクは減少します。誤解してはならないのは，全体の収益が高まるのではない点です。図表38は，株式 A と株式 B が完全に負の相関の変動をするとき，そのポートフォリオのリスクがゼロになることを直感的によく説明しています。数学的な解説は巻末の練習問題にあります。

　しかしながら，実際には相関は必ずしも安定的ではないことに注意を要します。たとえば，コモディティは従来，その個別の需給要因によって価格が形成され，株式や債券との相関は高くありませんでした。2000年代にはいると，コモディティ・インデックス投資の拡大やヘッジファンドによる取引増大で，コモディティが「金融商品化」し，正の相関が高まってしまいコモディティによるヘッジ機能は失われました。さらにリーマンショックのような金融危機時，資産間等で正の相関が強まる傾向があります。

　リスク分散とともに重要なのが，このあと説明する金融デリバティブの利用です。金融取引は現在と将来のキャッシュフロー（CF）の交換にその本質があります。現在の時点で将来の CF を固定させてしまえば，その金融取引のリスクは軽減できるという発想です。

図表38 リスク分散の原理

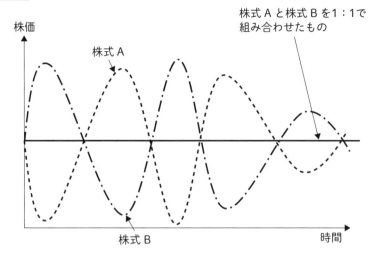

皇族が外遊するときは親子で別々の飛行機に乗るんだって！
リスク分散だ！

39 金融リスクの分類

　金融リスクは市場リスク，信用リスクに大別されます。

　市場リスクは，金利，有価証券価格，為替など様々な市場要因の変動で損失を被るリスクです。図表39−1をみると1980年代以降は金融自由化や経済のグローバル化の影響もあり，1990年のバブル崩壊，2008年のリーマンショックなど株価が大きく変動するようになりました。

　市場リスクは，さらにトレーディング・リスク，資産負債ミスマッチ（ALM）リスク，流動性リスクに細分化されます。トレーディング・リスクは，金利，為替レート，株価，コモディティ価格の変化により損失を被るリスクで，従来から市場リスクと捉えられてきたものです。ALMリスクは，資産と負債の満期構成の相違から金利変動によって損失が生じるリスクです。銀行は貸出で利ザヤを稼ぐためには，預金より貸出の期間を長くする必要があります。しかし，この満期期間のミスマッチは，金利変動による純資産価値の変動をもたらします。表面化しにくいですが，管理すべき重要なリスクです。流動性リスクは，一時的に取引相手方の需要が一斉になくなり，取引を実行できないリスクです。リーマンショックのように市場がパニック状態に陥ると，適切に資産を売却できない，資金を調達できないリスクが顕在化します。

　信用リスクは，貸出先の財務状況の悪化等によって損失を被るリスクです。損失はエクスポージャー×デフォルト率×損失率で測ります。損失率（＝1−回収率）は担保物件の種類や弁済の優先順位などにより異なります。融資であれば，貸出先企業がどれくらいの確率で倒産し，担保によってどのくらい資金を回収できるかを把握します。大口融資はリスク分散の妨げになるため注意が必要です。

　統合リスク管理（ERM）の枠組みでは，金融リスク以外にも，オペレーショナル・リスクなど幅広いリスクの管理が求められ，それらは相互に関連性をもっています。

図表39－1　過去50年の日経平均株価

図表39－2　オペレーショナル・リスク

オペレーショナル・リスクとは内部プロセス・人・システムが不適切であることもしくは機能しないこと，または外性的事象が生起することから生じる直接的または間接的損失に係るリスクと定義されます。
たとえば，顧客情報の流出，ATM 停止などのシステム障害，従業員等による不正などがあげられます。

40 金融デリバティブ

　金融商品の保有・運用には様々なリスクを伴います。代価を支払い，第三者にリスクを移転することをリスクヘッジといいます。保険は，伝統的なリスクヘッジ手段です。リスクヘッジを行うため，先物（futures），先渡し（forward），スワップ，オプションなど様々な金融デリバティブがあります。これらは，株や債券など伝統的金融商品（原資産）の受渡し・売買に関する権利・義務を表したものです。将来の売買価格を，現時点で決めておくことに意味があります。現物の金融商品を取引するわけではありません。デリバティブの価値は原資産に依存します。デリバティブのメリットは，少ない資金負担でリスクヘッジを行える「レバレッジ効果」にあります。

　金融デリバティブ市場の参加者にはヘッジャーとスペキュレーターがいます。ヘッジャーは，将来の売値や買値をいまから固定して，将来の損益を確定させることができます。たとえば小麦生産者が，将来の小麦価格が下がって損をすると予想する場合は，将来の売値を決めるために先物を売ります。逆にパンの製造業者は，将来の小麦価格が上がると仕入れ値が上昇し（パンの販売価格に転嫁できなければ）損をするので，先物を買います。一方でスペキュレーターは，投機目的（相場観）にもとづき取引に参加します。スペキュレーターは市場の安定化要因にも不安定化要因にもなります。

　デリバティブの理論価格は，裁定取引（アービトラージ）が行えない無裁定条件をもとに導出されます。デリバティブではないですが，これを為替のクロスレートで説明します（図表40）。いま１ドルが100円，１ユーロが100円とします。この場合，ユーロとドルの交換レートがクロスレートで，１ユーロは１ドルになるはずです。もし１ユーロが1.5ドルならば100円を１ユーロに替え，それを1.5ドルに替え，さらに円に替えた瞬間に150円を手にして50円の利益がでます。この場合には裁定機会が存在します。

図表40 クロスレート

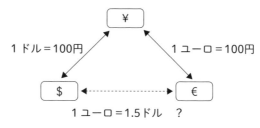

デリバティブの理論価格は，裁定が行えない状態をもとに考えるんだね！

41 為替リスクと為替先物

　為替相場は、ニュースで毎日取り上げられています。経済のグローバル化が進んで、日本の企業の多くが海外企業と取引をしています。為替相場はときに大きく変動し、企業収益に大きな影響を及ぼします（図表41）。

　為替レートは、日本円と外貨、たとえば米ドルとの交換比率のことです。1ドル＝100円といった邦貨建てで表すことが多いです。いま、1ドル＝100円だった為替相場が、1ドル＝120円になったとします。これは100円渡せば1ドルと交換できていたのに、120円、つまり追加で20円必要になったことを意味します。円が弱くなっているので「円安」です。これと反対に1ドル＝80円のように動けば「円高」です。

　海外から豚肉を輸入してソーセージに加工・販売している輸入依存型の食肉加工業にとっては、ドル建ての売買契約の場合、円安が進行すると輸入代金の値上がりを意味します。このように円安は経営に対するマイナス要因です。反対に、自動車製造業のような輸出依存型の企業にとって、円安は追い風です。アベノミクスで経済が好転した要因の1つが円安誘導にありました。

　円安を予想した場合、食肉加工業者はどうすれば良いでしょうか？為替先物市場でリスクをヘッジします。先物取引は「現時点」で「将来の」価格を決める取引です。円安が120円まで進むと思えば、いまの時点で決済時点（たとえば3か月後）に1ドルを105円で買う先物契約を結んでおきます。そうすれば、3か月後、予想どおり円安になれば輸入代金千万ドルを10億5,000万円で調達できます。先物契約を結ばなければ12億円必要だったので、1億5,000万円を節約できます。ところが、もし円安になるとの予想が外れて、1ドル＝80円の円高になったとします。先物契約は義務だから必ず履行します。その場合、先物契約を結んでいなければ8億円の支払いで済んだのに10億5,000万円が必要となり、2億5,000万円余分に支払うことになって、損をします。

図表41 過去50年の円ドルレートの変動

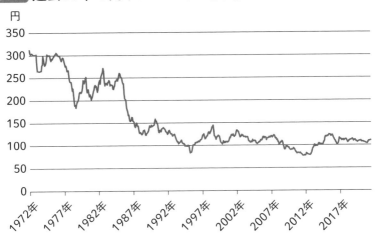

「円安」の影響は輸入にたよる企業には「－」，輸出にたよる企業には「＋」なんだね！

42 金利平価仮説

　輸出入を行う企業にとってリスクヘッジを行うために為替先物取引が重要です。それでは為替の先物レートは理論的にどのように決まるのでしょうか。ここで重要になるのが無裁定条件です。

　図表42を見てください。いま，現物の為替レート（直物レート）が1ドル＝100円だとします。日本の国内金利は年5％です。国内で100円借りれば1年後には105円返済が必要です。つぎに，借りた100円を現物市場で1ドルに替えて，米国で運用したとします。いま米国の国内金利は10％とすると1年後には1.1ドルになっています。無裁定の状態では，この1.1ドルが105円と等価でなければなりません。すなわち，一年物先物レートは1ドル＝95.45（＝105÷1.1）円となるはずです。

　たとえば，もし一年物先物レートが1ドル＝100円ならどうでしょうか？借金して米国で運用することを決めて先物契約を結んだ取引は，日本国内で借入するよりも5（＝1.1×100−105）円も儲かることになります。このことに市場参加者は気づくので，1ドル＝95.45円になるまで調整されるはずです。結局，2つの取引の価値に差がなくなって，裁定の機会がなくなります。

　ここで重要なことは米国と日本の金利が先物レートの決定に重要な役割を演じていることです。先物レートの理論価格は直物レート×（1＋円金利）÷（1＋ドル金利）となります。これを金利平価仮説と呼びます。日本の国内金利が年5％から米国と同じ10％に上昇した場合を考えてみましょう。上式より先物レートは1ドル100円です。金利平価仮説に従えば，両国の金利差が縮小すれば，直物レートと先物レートの差（直先スプレッド）も小さくなります。

　先物取引も，後で説明するオプション取引も，「現時点で将来の価格を決めておく」ことで，利用者はリスクをヘッジできます。金利は，この異時点間をつなぐうえで重要な役割を担っているわけです。

図表42 金利平価仮説

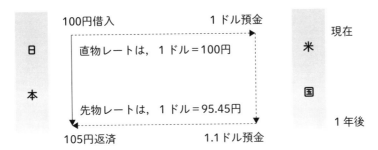

日本の年金利が5％　　　　　　　　米国の年金利が10％

	100円借入	1ドル預金		現在
日	直物レートは，1ドル＝100円		米	
本	先物レートは，1ドル＝95.45円		国	1年後
	105円返済	1.1ドル預金		

理論的には為替の先物レートは内外の金利差によって決まるんだね！

43 先物

　為替以外にも株や債券，コモディティなどの先物取引（Futers）があります。先物取引の特徴は，①対象商品の取引条件（売買単位や受渡期日）が規格化されている，②決済期限日までに反対取引をして差金決済する，③取引所取引で流動性が高い，④証拠金制度により元本額に比べて少額で取引できるのでレバレッジ効果が大きいことがあげられます。相対取引で行われて，証拠金が不要な先渡し取引（Forward）もあります。

　株の先物を売っておけば，将来の売り値を確定できるので，決済時点で株価が下がれば下がるほど利得（ペイオフ）は大きくなります。逆に，先物の買いは将来の買い値の確定ですから，決済時点の株価が高いほど利得は大きくなります。よって，先物取引のペイオフ曲線は図表43－1のようになります。

　先物価格は理論的にどう決まるのでしょうか？ここでも無裁定条件が重要な役割を果たします。いま株の値上がりが予想されるとき，F円で先物を買います。それに対して先物価格Fと同額を無リスク金利iで借金をして現物株をS_0円で買う複製資産を考えます（図表43－2）。予想どおり決済時点で株がS_T円になったとします（添え字の0は取引開始時点，Tは決済時点を表します）。先物取引の利得は$S_T - F$円になります。一方で複製資産も決済時点では，株がS_T円に値上がりし借金F円を返済しますので，同様に利得は$S_T - F$円となります。先物の買いと複製資産が決済時点で等価なので，無裁定であるためには取引開始時点の価値も等しくなければなりません。先物取引は取引開始時点で現金のやり取りがないので価値は0です。一方，複製資産は，$F \div (1+i) - S_0$となります。借入金は現在価値にするために金利で割り引かれている点に注意してください。これが0ですので$F = S_0 \times (1+i)$です。先物価格は，現物価格に（1＋金利）を掛けたものに等しくなります。

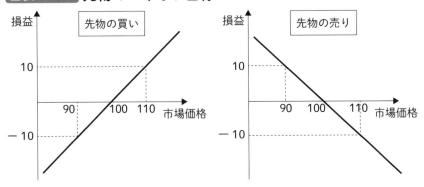

	現時点		満期	
①複製資産	株購入　　　　$-S_0$ 借入　　$+F/(1+i)$		借入返済　　　$-F$ 株保有　　　　S_T	
差	$F/(1+i)-S_0$		S_T-F	
②先物の買い	なし		先物代金　　　$-F$ 株売却　　　　S_T	
差	0		S_T-F	

44 オプション

　先物取引では予想が外れたときに損をします。予想が外れても損をせずに済む都合の良い取引がオプション取引です。オプション取引は「権利を売買」する取引なので，都合が悪ければ権利を放棄すれば良いだけです。買う権利がコール，売る権利がプットです。都合の良い契約なので，引き受け手に対して保険料である，オプション・プレミアムを支払う必要があります。

　いま，ある株の値段が下がると予想したとします。この場合，たとえば800円で「売る権利」（プット・オプション）を買います。すなわち，事前に予想よりも高い値段で売る権利を確保します。この800円を権利行使価格といいます。いま契約開始時点でプレミアムが20円かかったとします（次項でプレミアムを導出しますが，いまは説明を簡略化するため金利計算は省略します）。損益分岐は780（＝800－20）円です。予想どおりに750円になれば，権利行使して50円の儲けがあり，プレミアムを引いた30円が利得です。予想が外れ900円に値上がりすれば権利を放棄し，当初払った20円のプレミアムを失うだけで済みます。プット・プションは株の値下がりに備えた保険とみなせます。

　逆に，ある株の値段が上がると予想した場合，たとえば1,200円で「買う権利」（コール・オプション）を買います。事前に予想よりも安い値段で買う権利を確保します。1,250円になれば権利を行使して30円の利得をあげられます。株が値上がりしなければ権利を放棄して，20円のプレミアムを失うだけです。

　このようにオプションの購入はプットもコールも保険に加入しているようなものです。反対に，オプションを売っている相手方は保険の提供者です。相手の予想が当たれば権利を行使されて損をし，相手の予想が外れて権利放棄した場合でもプレミアム分しか利得がありません。オプションの売りは少ない利得の割に大損をしてしまう可能性がある，リスクの大きな取引です。リーマンショックで金融機関が破綻した原因の1つがオプションの売りだったのです。

図表44 ペイオフ曲線

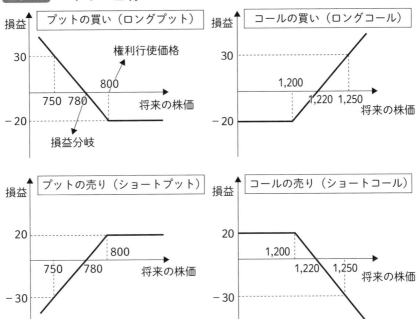

45 オプション・プレミアム

　オプション取引は昔から存在しましたが，価格がどのように決まるのか理論的に説明できませんでした。それを微分方程式によって解析的に解いたのがブラックとショールズでした。複製資産を用いた簡便な方法でもプレミアムは求められます。図表45－1と図表45－2のように，借入をして株式を購入します。現在の株価が1,000円，行使価格が1,100円のコール・オプションを考えます。もし満期時に株価が2,000円であれば権利行使をして，行使価格との差900円の利得があります。一方で返済額が300円の借入をし，0.6株を購入する場合は，保有株の価値は2,000×0.6＝1,200円となり300円を返済しますので，複製資産の価値も同じ900円となります。逆に株価が500円のときは，コール・オプションは権利行使しないので利得はゼロです。一方で複製資産の場合も，保有株の価値が500×0.6＝300円となり300円を返済しますので価値はゼロです。このようにコール・オプションと300円借り入れて0.6株を購入する複製資産の将来価値は同じですから，現在価値も等しくなければなりません。

　300円は満期時の返済額なので現在価値に割り引く必要があります。金利が10%だとすると，複製資産の価値は1,000×0.6－300÷1.1＝327.3円です。コール・オプションのプレミアムも327.3円となります。

　複製資産の株式購入単位がデルタ・レシオ（δ）です。直線 AB の傾きですから，コール・オプションのペイオフの差（900－0）を株価の差（2,000－500）で割ったものです。本例では0.6です。マルチンゲール確率は，株の期待収益率を利子率に等しくする値です。（株価が利子率で上昇したときの株式価値－低株価）÷（高株価－低株価）＝（1,000×1.1－500）÷（2,000－500）＝0.4です。デルタ・レシオ＋マルチンゲール確率＝1です。オプション・プレミアムは期待ペイオフの割引価値ですので，コール・オプションのペイオフ×マルチンゲール確率÷（1＋利子率）＝900×0.4÷1.1＝327.3でも求められます。

図表45-1 複製資産による理論の導出

株価	0.6単位の株式の価値（A）	借り入れ返済（B）	複製資産=A-B	コール・オプションのペイオフ
2,000	1,200	300	900	900 （=2,000-1,100）
500	300	300	0	0 （権利行使せず）

図表45-2 複製資産を用いる場合の図解

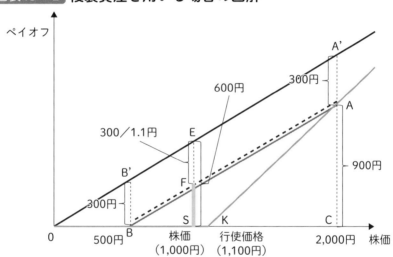

プレミアムの変動要因

（先生）　株価水準等がコール・オプションのプレミアムに与える影響について考えていきましょう。その際に考えるポイントは権利行使する可能性が高まるのか，どうかを考えることです。

（生徒）　権利行使の可能性が高いとプレミアムも高くなるということですね。

（先生）　はい。病気がちな人の保険料が高いのと同じです。まず，株価の水準が高まるとどうですか？

（生徒）　株価が高いと権利行使する可能性が高く，プレミアムは上昇します。

（先生）　その通りです。では，株価の変動は？

（生徒）　同じようにプレミアムは高まるはずです。

（先生）　そうですね。では，少し難しいかもしれません。金利が高まるとどうでしょう？

（生徒）　これは権利行使の可能性が高まるかどうかには，直接関係がなさそうですね。

（先生）　複製資産を使ってプレミアムを出したときのことを思い出してください。例では金利が10％でした。金利が15％になるとどうでしょう。

（生徒）　借入金の現在価値が少なくなります。

（先生）　プレミアムは，保有株と借入金の現在価値の差，複製資産の現在価値でしたね。

（生徒）　ということは，金利が上昇するとプレミアムは上昇します。

（先生）　先物の理論価格も現在の株価に金利をかけたものでした。先物も金利が高まると価格は上昇します。では，オプションの価値は時間経過とともに，どのように変化するでしょうか。

（生徒）　満期が近づくにつれ価値は低下すると思います。

（先生）　人生のあらゆることがそうであるように，時間経過とともに選択の余地がなくなりますからね。

（生徒）　なるほど。就職でも活かせそうな考え方です。

図表 プレミアムに影響を与える諸要因

決定要因	理由	プレミアム
株価	現在の株価が高いほど，行使時点で株価が行使価格を上回る確率が高くなる。	↑
ボラティリティ	ボラティリティが大きいほど，行使時点で株価が行使価格を上回る確率が高くなる。	↑
利子率	借入により得られる額が少なくなり，必要自己資金額（複製資産の現在価値）が増加する。	↑
		オプション価値
時間	満期が近づくにつれ，オプション価値は減少する。	↓

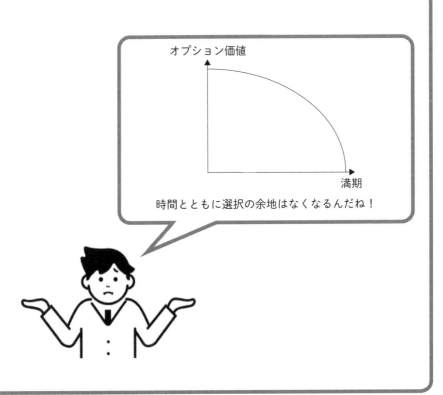

時間とともに選択の余地はなくなるんだね！

46 債券の理論価格

　債券は，投資家にあらかじめ定められたキャッシュフローを定期的に支払うことを約束する証券（確定利付き証券）です。発行主体により，公共債と民間債があります。また，キャッシュフローのパターンによって，毎期クーポン（利息）が支払われて満期には元本（償還金）が支払われる利付債と，満期に元本のみが支払われる割引債，毎期クーポンが支払われて満期がないコンソル債（永久債）があります（図表46－1）。

　債券の理論価格はどのように決まるでしょうか？利付債の債券価格は，毎期のクーポンと満期の元本を金利で現在価格に割り引くことで求められます。割引債は，償還金しかありませんので，これを金利で現在価値に割り引きます。コンソル債の債券価格は，永久に続くクーポンを金利で割り引くことで求められます。各債券の価格は図表46－2のようになります。これらの式をみるとわかるように，金利が上昇（下落）すると，分母が大きく（小さく）なりますので，債券価格は低下（上昇）します。金利と債券価格が反対の動きするというのが重要な関係です。

　債券の満期期間と債券価格の変動の大きさとの関係はどうでしょうか？満期1年で元本百万円の割引債の価格は，金利が4％のとき100÷1.04＝96.2万円です。同様に金利6％のときは94.3万円です。つぎにコンソル債の価格は，金利が4％のとき6÷0.04＝150万円，金利6％のときは100万円です。満期1年の割引債価格は金利が4％から6％に上昇すると，（96.2－94.3）÷96.2＝2％下落するに対して，満期がないコンソル債では（150－100）÷150＝33.3％と比較にならないほど大きな下落率になります。金利変動の幅が同じでも満期期間が長いと債券価格は大きな下落率を示します。金利変動リスクの大きさは，満期までの期間の長さによって測ることができます。

図表46－1 **債券の種類**

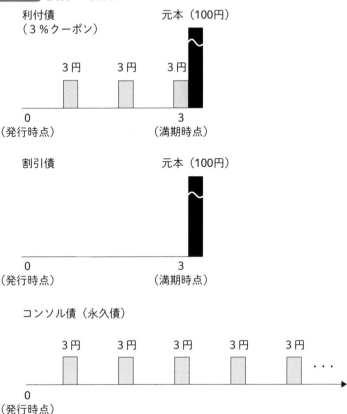

図表46－2 **債券の理論価格**

C：クーポン　Q：元本（償還価格）　r：金利とする

①利付債　　　$P = \dfrac{C}{1+r} + \dfrac{C}{(1+r)^2} + \dfrac{C}{(1+r)^3} + \cdots + \dfrac{Q+C}{(1+r)^n}$

②割引債　　　$P = \dfrac{Q}{(1+r)^n}$

③コンソル債　$P = \dfrac{C}{r}$
　（永久債）

47 デュレーション

　満期までの期間が同じでも，クーポンや元本が違えば金利変動リスクの大きさ
は異なってくるでしょう。資金の平均回収期間を測るのがマコーレーのデュレー
ション（D）です。図表47－1を見てください。3年満期，クーポンレート5％，
元本100万円，最終利回り2％の利付債を考えます。1年目のクーポン5万円の
最終利回りでの割引現在価値は$5 \div 1.02 = 4.90$万円，2年目のクーポン5万円は
$5 \div (1.02)^2 = 4.81$万円です。3年目だけはクーポン5万円と元本100万円が返還さ
れますので$(5 + 100) \div (1.02)^3 = 4.71 + 94.23 = 98.94$万円です。定義によって債券
価格はこれらを足し合わせた108.65円です。

　マコーレーのデュレーションは，各期のキャッシュフローの割引現在価値の
ウェイトによって期間を評価します。1年目のウェイトは$4.90 \div 108.65 = 4.5$％，
2年目，3年目は4.4％，91.1％です。よって$D = 1 \times 0.045 + 2 \times 0.044 + 3 \times 0.911$
$= 2.87$年となります。マコーレーのデュレーションは，各期のキャッシュフロー
を「やじろべえ」のように見たてて，左右のバランスをとる支点といえます。①
債券の満期期間が短い，②クーポンレートが高い，③最終利回りが高いと，いず
れの場合も支点は左に移動します。すなわち，マコーレーのデュレーションは短
くなります。

　経済学では変化の大きさを一般に弾性値（弾力性）で測ります。最終利回り（金
利）が現在の水準から1％上昇したときに，債券価格は何％下落するか？をみま
す。これを「（修正）デュレーション」と呼び，マコーレーのデュレーション＝（1
＋利回り）×（修正）デュレーションとの関係があります（以下，（修正）を省い
て表記）。債券価格の定義式をみると，金利と債券価格の関係は単調ではなく，
図表47－2のように原点に向かって凸の関係です。「デュレーション」はこの曲
線の接線の傾きです。よって金利が低いときに金利が上昇すると債券価格は大幅
に下がることを示しています。

図表47-1 マコーレーのデュレーション

期	CF	CFの 割引現在価値	CFの ウェイト（%）	デュレーション（D）
1	5	4.9	0.05	0.05
2	5	4.81	0.04	0.09
3	5	4.71	0.04	0.13
3	100	94.23	0.87	2.6
合計		108.65	1	2.87

（注）　CF：キャッシュフローの略

図表47-2 （修正）デュレーション

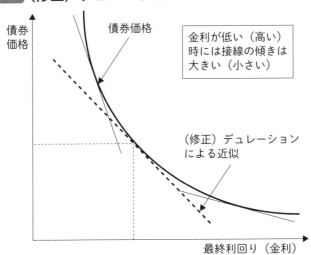

債券
価格

債券価格

金利が低い（高い）
時には接線の傾きは
大きい（小さい）

（修正）デュレーション
による近似

最終利回り（金利）

48 イミュナイゼーション戦略

　保険会社や銀行などの金融機関は，金利変動により資産および負債の市場価値が変動します。銀行で説明しましょう。銀行は預金を集めて，貸出をおこなっています。いま預金金利が固定金利2％で，それに利ザヤを1％上乗せし，固定金利3％で貸し出していたとします。ここで「固定」（＝市場金利に連動していない）がポイントです。仮に市場金利が1％上昇したら，どうなるでしょうか？債券価格のところで説明したように，金利上昇によって貸付，すなわち資産の市場価値は減少します。また，預金，すなわち負債の市場価値も同様に減少します。

　問題は，資産と負債の市場価値のどちらが大きく減少するかです。ここで，金利リスクの尺度である，デュレーションが影響します。この値が大きい方が市場価値の減少幅が大きいことになります。一般的に銀行では，貸出期間の方が預金期間よりも長く，したがってデュレーションは資産の方が大きいです。これを図解したのが図表48です。矢印の長さが資産と負債の市場価値の減少幅を表しています。資産と負債のデュレーションの差をデュレーション・ギャップといいます。

　金利上昇の結果，資産の市場価値の減少が負債のそれを上回り，両者の差額である純資産の市場価値は減少してしまいます。純資産は企業価値ですから，これは将来的に銀行経営にとってマイナスの影響を及ぼすことを意味します。そこで銀行は，金利が上昇しても純資産の市場価値が変動しないような状況にしておくことがリスク管理上の1つの選択肢となります。これがイミュナイゼーション戦略です。それでは，金利変動リスクから免疫を得るために，具体的にどのようにすれば良いのでしょうか。イミュナイゼーションは，「資産のデュレーション」と，「負債のデュレーション」×「資産負債比率」が同じになるように資産や負債の契約期間を調整することで実現できます。

図表48 **金利が上昇した場合の銀行の資産・負債と純資産の動き（デュレーション：資産＞負債）**

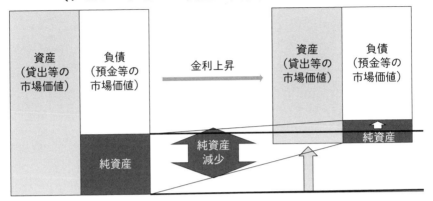

金利変動による純資産の変動をコントロールする必要があるんだね！

ALM（資産負債管理）

（生徒）　銀行はそもそもなぜ資産のデュレーションの方が長いのでしょうか？

（先生）　図表1のイールド・カーブ（利回り曲線）を見てください。横軸に満期期間，縦軸に金利をとったグラフです。通常，満期期間が長い方が，金利が高くて右肩上がりの曲線になります。順イールドといいます。

（生徒）　ということは，銀行は預金期間よりも長い期間の貸出を行うことで利益をあげられるということでね。

（先生）　満期変換機能です。イールド・カーブ上の金利差を利ざやとして稼ぐのが銀行の生業です。

（生徒）　銀行には，メガバンクや地銀などの業態があります。業態によって違いはあるのでしょうか？

（先生）　銀行の公表資料をもとに平成27年当時，デュレーション・ギャップを計算したのが図表2です。

（生徒）　メガバンクはデュレーション・ギャップが小さいのに対して，第二地銀は利ざやを稼ぐために大きな金利リスクを負っていました。

（先生）　そうです。たとえば市場金利連動型の預金や融資があります。その割合を増やすとどうなりますか？

（生徒）　金利リスクがないのでデュレーションはゼロ。だから，全体のデュレーションは低下します。

（先生）　貸出期間や商品特性によりデュレーションを調整できます。イールド・カーブの形状は，経済の先行きを見る指標です。デフレが進行すると傾きが小さくなり，深刻なケースでは右下がりの逆イールドになります。

（生徒）　図表1をみると，2015年から2016年にかけてイールド・カーブがフラットになっています。

（先生）　当時，日本銀行に超過準備金を積んでいる場合，マイナス0.1％の金利，すなわち手数料をとる「マイナス金利」政策を実施しました。銀行が準備金を取り崩して貸出の増加を促すためです。しかし銀行は長期国債を大量に購入し，長期債ほど価格が上昇，利回りが低下しました。

（生徒）　イールド・カーブの形状変化もリスクになるのですね。

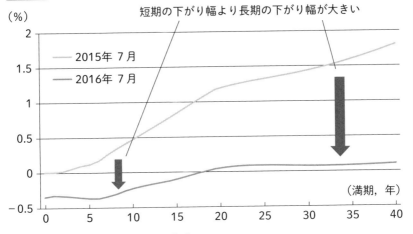

図表1 イールド・カーブ

（出所）　財務省　国債金利情報をもとに作成

図表2 業態別のデュレーション・ギャップ

	資産デュレーション	負債デュレーション	デュレーション・ギャップ
メガバンク	1.73	1.66	0.14
第一地銀	2.35	1.53	0.90
第二地銀	2.44	1.33	1.19

49 VaR（バリュー・アット・リスク）

　バーゼル規制の枠組みで，市場リスクの計測方法として用いられるのがバリュー・アット・リスク（VaR）です。VaR にはパラメトリック法（分散共分散法），モンテカルロ法，ヒストリカル法があります。VaR は保有期間を N 日，信頼水準を β%とすると，N 日後に資産が（1－β%）の確率で被る最大損失額のことです。信頼水準95%ならば，5％の確率で生じる最大損失額になります。

　パラメトリック法は，図表49－1のように，たとえば現在1,000円の株価が10日後にどのようになっているか将来の確率分布を考えます。このとき正規分布（左右対称の釣鐘状）との前提をおきます。正規分布を仮定することで，株価変動の幅（標準偏差）に信頼水準に基づく信頼係数（図表49－1の下表）をかければ VaR が求まります。この場合，信頼水準を95%にすると100円に1.65をかけた165円になります。株式ポートフォリオでは保有株式の価格変動を，相関係数を用いて集計します。パラメトリック法は非常に簡便で理解しやすいですが，一方で推計上の仮定・制約が強い方法です。

　たとえばオプション取引の場合は，予想が当たれば大きな利益がでることがありますが，予想が外れても損失はプレミアム支払いだけで済みます。オプション取引の損益は比例関係にありません（非線形です）ので，将来分布は正規分布ではありません。そのため多数のシナリオでポートフォリオを再評価することにより，ポートフォリオの将来の価値変化の分布をモンテカルロ・シミュレーションによって作成します。なお為替レート，国債先物価格，株価指数などの取引価格に影響を及ぼす変数（リスク・ファクター）は正規分布に従うとします。

　さらにヒストリカル法は実際の価格変動の時系列データを用いてシナリオをつくり，ポートフォリオの将来の価値変化の分布を作成します（図表49－2）。リスク・ファクターの変動も過去の経験に基づき非正規分布となり，最も仮定が緩やかで，一般的にリスク量が最も大きくなります。

図表49－1 パラメトリック法（分散・共分散法）

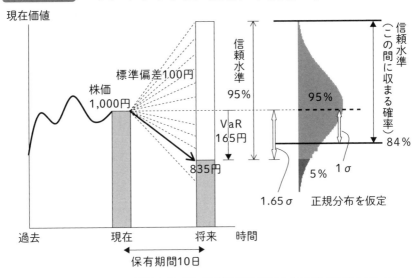

信頼水準	84%	90%	95%	99%	99.5%	99.9%
信頼係数	1.000	1.282	1.645	2.326	2.576	3.090

図表49－2 ヒストリカル法

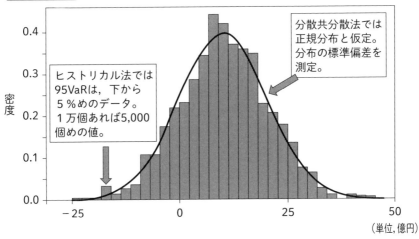

50 テイルリスク

　バリュー・アット・リスクは，①リスクが金額表示されるので，経営者にとって理解しやすく，必要な資本の把握が容易，②すべての取引に共通の尺度となるため，比較・分析が可能という長所ゆえに急速に普及しました。短所は，①信頼水準を越えた損失の大きさが考慮されない，②実際の損失分布の裾が正規分布よりも長い（テイルリスクがある）場合，リスクが過小評価されることです。

　テイルリスクを捉える方法として条件付 VaR（期待ショートフォール，テイル VaR とも呼ばれます）があります。図表50－1のように，信頼水準を超えたリスク（斜線部）の平均値を求めます。例では，95％VaR では４億円弱とリスク量が同じでも，正規分布では条件付 VaR が5.9億円，ファットテイル分布では約10億円となります。テイル部分のリスク量がまったく異なります。

　VaR と条件付 VaR の関係を整理すると，正規分布の場合，99％VaR は１標準偏差の値を2.33倍したもの，条件付 VaR は2.67倍したもの（「99.6」％VaR に相当）です。正規分布では信頼水準を読み替えるだけで，条件付 VaR にさほど意味はありません。モンテカルロ法で10万通りのシミュレーションを行った場合，99％信頼水準の VaR は1,000通り目のワーストシナリオ，条件付 VaR はワーストシナリオ1,000通りすべての平均損失額です。ヒストリカル法は，実際の過去のデータを使うのでシナリオがデータ数に代わるだけで，考え方は同じです。

　しかし VaR 法では一般に直近データに基づきリスクを計測します。したがってリーマンショックのように金融市場がパニック状態に陥った場合には十分に対応できません。そこで，シナリオ分析によるストレス・テストを活用します（図表50－2）。イールド・カーブが300ベーシスポイント上昇したとき，あるいは貸倒れ率が20パーセント増加したとき等のリスク量を推定し，自己資本と比較することで危機への対応能力を検証します。

図表50-1 **条件付 VaR**

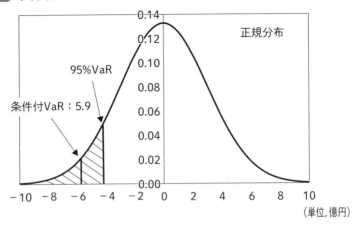

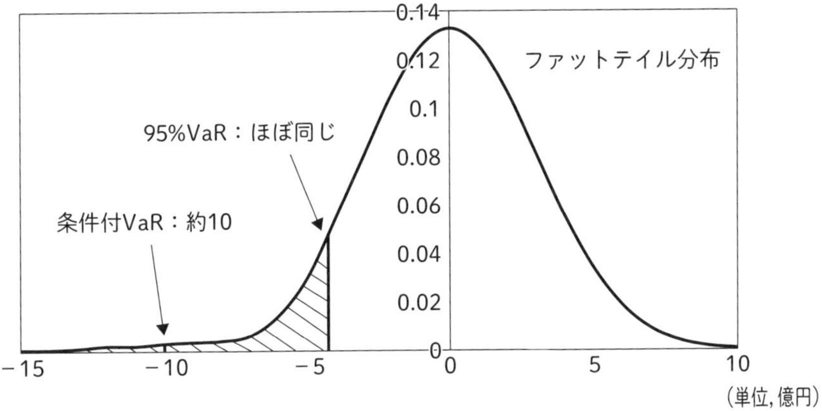

図表50-2 **ストレス・テストのシナリオ例**

➢ 金利動向（イールド・カーブが300ベーシスポイント上昇したときの影響は？）
➢ 貸倒れ率の変化（融資ポートフォリオの貸倒れ率が20パーセント増加したら？）
➢ 流動性の減少（もし90日にわたって資金調達市場へのアクセスが制限されたら流動性のポジションは？）
➢ 失業率の変化（失業率が10パーセント上昇したら？）
➢ コモディティ価格の動向（原油価格が20パーセント上昇したら？）
➢ GDP の変化（GDP が5パーセント低下したら？）

51 統合リスク管理（ERM）

　リスク，リターン，資本を総合的に管理するのが統合リスク管理（ERM）です。ERMは，企業価値を最大化するために，信用リスク，市場リスク，オペレーショナル・リスク，エコノミック・キャピタルおよびリスク移転を包括的かつ統合的に管理する枠組みだと定義できます。

　リスクとリターンの関係を見てみます。図表51－1は，5つの投資案件のリスク（横軸）とリターン（縦軸）の関係を表しています。あなたは，どの投資案件を選びますか？Eですか？Eのリターンは大きいですが，リスクも大きい，ハイリスク・ハイリターンの案件です。正解はCです。Cがリスク1単位あたりのリターン（直線の傾き）が最も大きいからです。絶対リターンではなく，リスク調整済みリターンで選択します。実はリスク調整済みリターンで見るとAはEと同じ案件です。このようにリスクとリターンは裏表の関係にあります。したがって，リスク管理は収益管理でもあります。

　図表51－2は銀行のバランスシートです。銀行が資産運用に失敗して損失を被ると，自己資本で吸収します。自己資本はリスクバッファーとして機能します。ERMでは，平均を上回る損失（非期待損失）に備え，エコノミック・キャピタル（経済資本）を確保します。法定資本と異なり，企業が目標とする財務力（信用格付け）によってその水準を決定します。

　ERMでは，リスク管理統括部が，取締役会に一元的に報告を行い，組織横断的なリスク管理方針を策定します。個別リスク管理ではリスク移転戦略は個々に実行され，過剰なヘッジに陥りがちですが，ERMでは組織全体で残ったリスクだけを効果的にヘッジできます。また内部的に資本を配賦することで，価格設定，資源配分，事業の新規参入，撤退などの意思決定を支援し，事業成果を最適化する手法として活用できます。金融機関は，エコノミック・キャピタルとしての「統合リスク量」と保有する自己資本額とをモニターしています。

図表51-1 リスク調整済みリターン

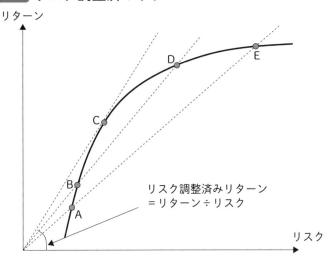

図表51-2 リスクバッファーとしての自己資本

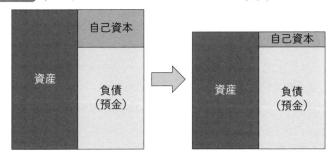

トップリスク

　統合リスク管理（ERM）は，リスク管理委員会などの組織整備，リスク管理方針・規定の策定，リスク計測および報告体制の構築，リスクリミット運営など【ハード】から，企業内のリスクカルチャー醸成，顕在化前リスク（エマージング・リスク）の把握，誠実な業務遂行，報酬を含むインセンティブ体系の見直しなど【ソフト】に軸足が移っています。換言すれば，本書で説明した【定量的】リスクマネジメントは確立し，【定性的】リスクマネジメントの重要性が高まっています。

　金融機関においては「リスクアペタイト・フレームワーク」の導入により，経営計画の透明性向上と収益機会の追求と同時に，リスクをコントロールした経営が図られています。リスクアペタイト・フレームワークは，事業戦略・財務計画を達成するためのリスクアペタイト（進んで引き受けようとするリスクの種類と量）を明確化し，経営管理やリスク管理を行う枠組みのことです。

　また，経営陣が重大と思われるリスクを特定化し，それが顕在化した場合の対処法をあらかじめ定めておきます。備えあれば憂いなしというのが，リスクマネジメントの要諦です。

　三菱UFJフィナンシャル・グループの2023年ディスクロージャー誌をみると，【トップリスク】のリスク事象としては，①資本余力低下／リスクアセット増加，②外貨流動性リスク，③与信費用増加，④ITリスク，⑤気候変動に関するリスクがあげられています。そして，資本余力低下／リスクアセット増加のリスクシナリオとしては，グローバルな金利上昇を受けた債券評価損の拡大等による資本運営への影響が想定されています。

　リスクマネジメントでは，どのようにリスクを察知するか，先を見通す力が重要であり，Art（芸術）だといわれます。一般論として，リスクマネジメントは「仏作って魂入れず」になりがちなので，【ハード】の使い手側の進化がますます求められています。

練習問題

問題０．リスクマネジメント概論【第11項に対応】

　次の会話の文章は，茶野先生（Ｃ）が，最初のゼミで岡田くん（Ｏ）と平澤くん（Ｈ）に対して，保険とリスクマネジメントの基礎の一部についてやりとりしているものです。全体を読んで，つぎの設問を考えてみてください。

(1)　Ｈくんは，やりとりのなかで，誤った理解のもとで回答をしています。それを指摘して，正しく表してみてください。

(2)　空欄を200字程度の文章で埋めて，やりとりを完成させてみてください。

(3)　下線部①について，初期のリスクマネジメントとERMとの違いはどのような点にあるかを200字程度にまとめてください。

(4)　下線部②について，それぞれの定義がどのように変わったのかを調べてみてください。

Ｃ：リスクマネジメントという言葉は，保険（海上保険）という制度が1300年中ごろに誕生したことに比すると，実に600年近くも遅れて登場します。リスクに対処するきわめて有効なツールであったのが保険で，時代を映す鏡とも言われています。

Ｏ：①初期のリスクマネジメントの考え方は，リスクに対して主に保険を使っていかに管理するかということに主眼がおかれたようですね。

Ｈ：そうだよ。企業はリスクを保有もしなくてはならないから，リスク保有の手段として保険を活用したのです。

Ｃ：リスクマネジメントを実施する際には，PDCAなどを活用して，リスクを洗い出して，適正に評価をしなければなりません。もちろん，われわれ個人のリスク評価と企業レベルのリスク評価はまったく別次のものです。

Ｏ：おっしゃるとおりですね。　　　　　　　といった点で大きく異なりますね。

Ｈ：PDCAは，計画して，実施して，コントロールして，改善するサイクルですね。

Ｃ：リスクマネジメントにおけるリスクの定義も，従来とは異なってきています。

Ｏ：②ISOやCOSOも初期と現在の最新版におけるリスクの定義は異なっていますよね。

H：リスクは，企業にとってマイナスですから，リスクテイキングは考えられませんね。

C：保険とリスクマネジメントは切り離して考えるのではなく，一体として捉えながら，とるべきリスクととられたリスクに対して，いかに最少の費用（リスクコスト）で，最大の効果（企業価値の向上）・を得られるかを念頭に置く必要があります。リスクマネジメントと保険の基礎的知識について，この本を通じてしっかり身につけてくださいね。特に，Hくんは，あまりに勉強不足で，正しく理解できてないようですから。

O：そうですね。ゼミ長としてもっとHくんに発破をかけます。

H：申し訳ありません。トホホ。

問題1．リスクの計測【第13項に対応】

　この問題では，リスク・リターンを計算します。一般に，リターンは期待値で測ります。期待値とは，確率変数（x）をその対応する確率（p）で加重平均したものです。式は，

$$\mu = p_1 x_1 + p_2 x_2 + \cdots + p_n x_n = \Sigma p_i x_i \qquad \cdots\cdots 式①$$

となります。リスクは分散あるいは標準偏差で測ります。これは，期待値を中心としてどの程度結果がばらついているかを示すものです。式は

$$\sigma^2 = p_1(x_1 - \mu)^2 + p_2(x_2 - \mu)^2 + \cdots + p_n(x_n - \mu)^2$$
$$= \Sigma p_i(x_i - \mu)^2 \qquad \cdots\cdots 式②$$

です。

　いまA株式とB株式の収益の広がり（収益分布）をグラフにしました。横軸は収益額，縦軸は確率です。B株式の方がA株式よりも分布が広がっているのが一目でわかります。

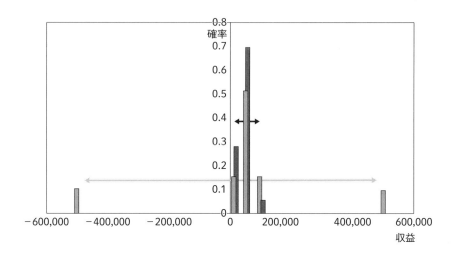

　この幅をリスクとして計測するのですが，そのためには中心となる点が必要です。この中心が期待値です。ここでは期待値は「収益額×確率」の総和（Σ）です。クラスで身長160cm の人が20人，170cm の人が10人のとき，平均身長は何 cm と聞かれたら，どうしますか。（160cm×20人＋170cm×10人）÷（20人＋10人）＝163cm と答えるでしょう。変形すると160×（20／30）＋170×（10／30）となります。確率をかけるのが人数の割合に置き換わっただけで，式①と同じような計算をしていることに気づきます。期待値（μ）はよく耳にするリターンのことです。

　一方で，リスクは分散，またはその平方根をとった標準偏差で測ります。まず，偏差は平均からの距離，式②の（$x_i-μ$）です。分散は「偏差の二乗×確率」の総和（Σ）で求めます。次表のように，A株式の分散は，収益が−50万円と50万円になる確率がゼロなので492,750,000と小さな値をとります。一方でB株式の分散は，収益が−50万円と50万円になる確率が10％ずつあるので51,042,750,000と大きな値をとります。分散の値は大きな値になるので，1次の数に戻すために平方根をとって標準偏差にします。偏差の平均を計算するイメージです。A株式の標準偏差が22,198円，B株式が225,926円となり，B株式はA株式よりリスクが10倍も高いことがわかります。

【A株式】

収益額（円）①	確率（%）②	期待値③=Σ(①×②)	偏差④=①−③	偏差の二乗⑤=④×④	分散⑥=Σ(⑤×②)	標準偏差⑦=√⑥
▲500,000	0	0	▲541,500	293,222,250,000	0	
10,000	27.5	2,750	▲31,500	992,250,000	272,868,750	
50,000	67.5	33,750	8,500	72,250,000	48,768,750	
100,000	5	5,000	58,500	3,422,250,000	171,112,500	
500,000	0	0	458,500	210,222,250,000	0	
		41,500			492,750,000	22,198

【B株式】

収益額（円）①	確率（%）②	期待値③=Σ(①×②)	偏差④=①−③	偏差の二乗⑤=④×④	分散⑥=Σ(⑤×②)	標準偏差⑦=√⑥
▲500,000	10	−50,000	▲541,500	293,222,250,000	29,322,225,000	
10,000	15	1,500	▲31,500	992,250,000	148,837,500	
50,000	50	25,000	8,500	72,250,000	36,125,000	
100,000	15	15,000	58,500	3,422,250,000	513,337,500	
500,000	10	50,000	458,500	210,222,250,000	21,022,225,000	
		41,500			51,042,750,000	225,926

以上を踏まえて，次の練習問題を解いてみましょう。これまで収益額で説明しましたが，下表では収益率に変わっています。しかし計算の単位が円から%に変わるだけです。①，③，⑤，⑦には式①，式②にもとづいた計算式を，②，④，⑥，⑧には数値を，⑨にはC社やD社かを答えて文章を完成してください。小数点以下第2位四捨五入して，小数点以下第1位まで答えてください。

収益率（%）	C社（確率）	D社（確率）
−20	5	1
−10	15	5
0	45	60
10	20	33
20	15	1

C社のリターン 　[①] = [②] %

C社のリスク 　[③] = [④] %

D社のリターン	⑤	=	⑥	%
D社のリスク	⑦	=	⑧	%

です。したがってリターンが高く，かつリスクの低い ⑨ を選択すべきです。

問題 2．大数の法則【第15項に対応】

　保険経営を安定させる大数の法則について考えます。その前に生命表について説明しておきます。生命表とは「ある期間に死亡状況が今後変化しないと仮定したときに，各年齢の者が 1 年以内に死亡する確率や平均してあと何年生きられるかという期待値などを死亡率や平均余命などの指標（生命関数）によってあらわしたもの」をいいます。

　生命表の歴史の歴史は古く，ローマ時代のウルピアヌス（Domitius Ulpianus, 170-228）の平均余命表にさかのぼります。おおまかな寿命の記録ですが，貴族や上級市民に年金を支払うのに必要な財源を把握するために使用されたようです。その後，ペストが流行したイギリスで死亡記録が必要なことから，グラント（John Graunt, 1620-74）が出生・死亡表を作成します。一見偶然に思える出生，死亡などの人口現象に数量的規則性があることを発見した点で，重要な貢献をしました。そして，グラントの生命表の不備を改めるために，ハレー彗星の発見者として知られるハレー（Edmund Halley, 1656-1742）が1693年に世界最初の生命表を作成します。ハレーは集団的な人口に現れる死亡には予測可能な一定の秩序が存在することを明らかにし，生命保険の保険料（自然保険料）は年齢別の死亡率に従うべきであるとしました。なお，日本の最初の生命表は藤沢利喜太郎（1861-1933）が1889年に作成し，官製の国民生命表（完全生命表と簡易生命表）については，1902年矢野恒太が第 1 回完全生命表を作成しています。このように，生命表は生命保険の近代化に大きな役割を果たしたのです。

　令和 3 年簡易生命表によると，20歳女性の死亡率は，0.00024です。全国で営業しているある生命保険会社が20歳の女性を対象に，期間 1 年，保険金額1,000万円の死亡保険の販売を計画しています。このとき，この生命保険の 1

年間の純保険料（経費などを除くリスクの対価）はいくらになるでしょうか。①〜④に式または数値を入れてください。⑤には文章を埋めて下さい。ただし予定利率はゼロとします。

　生命保険の保険料は期待値で表されます。期待値は確率変数（1,000万円と0円）に、対応する確率（0.00024と0.99976）をそれぞれ掛けてすべてを合計した値です。小数点以下を切り上げてください。

　　純保険料（年額）＝ ┌─────①─────┐ ＝ ┌──②──┐ （円）

　もしこの保険会社の営業が振るわず、10人しか加入者が集まらなかったとしましょう。保険会社の収入は ┌──③──┐ 円です。死亡率はきわめて小さいため、加入者は全員生存する可能性が高いのですが、もし1人死亡すると、生命保険会社は ┌──④──┐ 円の保険金を支払わなければならず、収支は大赤字です。このような事態に備えて、保険会社は財源を確保する必要があります。加入者が増えるにつれて、生命表の死亡率と加入者の死亡率が等しくなることについての信頼性が高くなります。これを大数の法則といいます。これを参考に、なぜ保険会社は ┌──②──┐ 円でリスクを引き受けることができるのでしょうか。その理由について、「大数の法則」という用語を用いて150字程度の文章にまとめて以下で説明してください。

┌──────────────────────────┐
│　　　　　　　　　　　　⑤　　　　　　　　　　　　│
└──────────────────────────┘

問題3．期待効用仮説 【第17項に対応】

　人々はなぜ保険に加入し、保険料を支払うのか？期待効用仮説を通して考えていきます。所得（y）だけに対して効用（u）が決まる人を考えます。この人の所得は景気に左右され、70%の確率で900万円、30%の確率で400万円を得ることができます。この人の所得に関する効用関数が $u=\sqrt{y}$ のように表され

るとき，⑴期待所得（所得の期待値），⑵期待効用（効用の期待値），⑶リスク・プレミアムがどうなるかを考えていきましょう。具体的には，以下の①，③，Ⓐは式を，②，④，⑤，⑥〜⑧，⑩，⑫，⑬，⑮には数値を，⑨，⑪，⑭については適当な語を入れて文章を完成させてください。ただし⑩は小数点以下を四捨五入して下さい。

まず，表に整理するとわかりやすいと思います。

状態	確率	所得	所得に対する効用
1．好景気	0.7	9,000,000	$\sqrt{9,000,000}$
2．不景気	0.3	4,000,000	$\sqrt{4,000,000}$

期待値は確率変数（この場合は所得）に，対応する確率をそれぞれ掛けてすべてを足し合わせた値です。

期待所得＝ ［ ① ］ ＝ ［ ② ］ （万円）

期待効用は効用の期待値です。確率変数（この場合は所得に対する効用）に，対応する確率をそれぞれ掛けてすべてを足し合わせた値です。

期待効用＝ ［ ③ ］ ＝ ［ ④ ］

ところで，好景気・不景気にかかわらず，750万円の所得が得られるとします。リスクのない確実な所得に対する効用が，期待所得はそれと等しいがリスクのある不確実な所得に対する効用よりも大きい場合，その人をリスク回避者と呼びます。

リスク・プレミアムとは，リスク回避者がリスクを移転して確実な所得を得るために支払っても良いと考える最大の金額をいいます。リスク移転前の期待効用を下回らなければ，期待所得よりも所得が減少しても構わないからです。期待所得からリスク・プレミアムβを支払った後の所得に対する効用をⒶは，支払う前の所得に対する期待効用④に等しくなります。このとき，βを支払った後の確実な所得を「確実性同値」または「確実性等価」と呼びます（βを支払う前の不確実な所得に対する効用と同じ効用が得られる，β支払後の確実な所得のことを意味します）。

$\boxed{\qquad Ⓐ \qquad}$	=	$\boxed{\quad ④ \quad}$

以上から，リスク・プレミアム β は $\boxed{\quad ⑤ \quad}$ 万円です。

　ところで，この人が不景気の場合に好景気との所得差500万円を保険金として受け取れる保険を購入したとします。不景気の発生確率は0.3です。保険料は保険金の期待値なので，$\boxed{\quad ⑥ \quad}$ 万円です。好景気の場合，保険加入後の所得は支払った保険料の分だけ減少します。不景気の場合，保険加入後の所得は保険金を受け取りますが，保険料を支払わなければなりません。

状態	確率	保険加入前の所得	保険加入後の所得
1．好景気	0.7	9,000,000	$\boxed{⑦}$
2．不景気	0.3	4,000,000	$\boxed{⑧}$

　上表より，保険加入後の所得は好景気も不景気も $\boxed{\quad ⑨ \quad}$ です。保険加入後の効用は $\boxed{\quad ⑩ \quad}$，加入前の期待効用よりも $\boxed{\quad ⑪ \quad}$ ことがわかります。さきほどの説明から，リスク回避者は期待値を上回る保険料を支払い，保険加入後の所得が減少しても，加入前の期待効用を上回る限り，保険を購入することが合理的です。その最大額がリスク・プレミアムで，リスク回避度に依存します。リスク回避度は当初の所得や保有資産などにより異なります。たとえば，高所得者や資産家はそれほどリスク回避的でないと考えられます。

　次に，不景気の場合に200万円を受け取る保険Ⓒと400万円を受け取る保険Ⓓを比べると，どちらの期待効用が大きいでしょうか

状態	確率	保険Ⓒ加入後の所得	保険Ⓓ加入後の所得
1．好景気	0.7	8,400,000	$\boxed{⑬}$
2．不景気	0.3	$\boxed{⑫}$	6,800,000

　次ページの図を参考に，保険Ⓒと保険Ⓓに加入後の所得と期待効用をそれぞれ記入してください（期待効用はいずれも好景気と不景気の所得に対する効用を結んだ線分の内分点（750万円）で表されます）。その結果，保険 $\boxed{\quad ⑭ \quad}$ のほうが期待効用は大きくなります。効用が最も大きいのは $\boxed{\quad ⑮ \quad}$ 万円の

保険Ⓔに加入する場合です。不景気になっても好景気のときと所得が同じになるように保険を購入すると効用が最大になります。

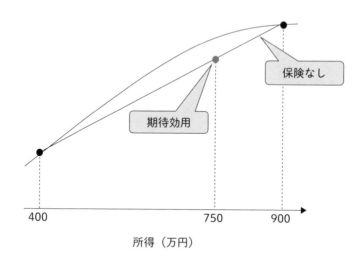

所得（万円）

問題4．保険料の計算【第27項に対応】

　営業保険料は，純保険料と付加保険料からなります。保険料は，保険料収入と保険金支払いの合計が等しいという収支相等の原則にもとづいて計算されています。ここで注意しないといけないのは，生命保険は長期にわたる商品なので，保険料の支払い，保険金の受取りは将来に及ぶという点です。このため，保険料は「期始払現価率」，死亡保険金は「期央払現価率」，満期保険金は「期末払現価率」を使って現在の価値に割り戻して，収支を相等させる必要があります。

　問題2では予定利率をゼロとしました。しかしながら，生命保険商品は終身保険に代表されるように長期性商品です。したがって，予定利率が大きな影響を与えます。ここでは現価率を用いた保険料計算の仕組みを復習しておきましょう。②，③，⑥には言葉を，①，④，⑤，⑦，⑧，⑨，⑩には数値を入れてください。保険料は四捨五入して円単位で求めてください。

　本文と同じ条件である死亡・満期保険金額＝100万円，予定利率＝1％，被

生保標準生命表2007（死亡保険用）【男性】

年齢	生存数	死亡数	死亡率	平均余命
30	98,434	85	0.00086	49.20
31	98,349	88	0.00089	48.24
32	98,261	90	0.00092	47.28
33	98,171	94	0.00096	46.33
34	98,077	98	0.00100	45.37
35	97,979	103	0.00105	44.41

現価率（1％）

年	期始払現価率	期央払現価率	期末払現価率
1	1.000000	0.995037	0.990099
2	0.990099	0.985185	0.980296
3	0.980296	0.975431	0.970590
4	0.970590	0.965773	0.960980
5	0.960980	0.956211	0.951466
6	0.951466	0.946744	0.942045

保険者の年齢＝30歳，性別＝男，保険期間5年の養老保険の一時払い保険料を求めます。ここでも同じ経験表，現価率表を使用します。念のため，再掲します。

　一時払いでは加入時の30歳ですべての期間の保険料を支払います。また，保険料の払い方を変えても被保険者が死亡のパターンが変わるわけではありません。そうすると，27項にある図表2は下のように修正できます。

年齢	生存数 ①	期始払 ②	①×②	死亡数 ④	期央払 ⑤	④×⑤
30	98,434	1.000000	98,434	85	0.995037	84.578145
31				88	0.985185	86.696280
32				90	0.975431	87.788790
33				94	0.965773	90.782662
34				98	0.956211	93.708678
計			①			443.554555

　まず，　②　保険部分の保険料 P_1 は，　③　により，

$$\boxed{\text{①}} \times P_1 = 100\text{万円} \times \boxed{\text{④}}$$

となります。したがって，上式の両辺を $\boxed{\text{①}}$ で割ることによって，保険料 P_1 が求められます。$P_1 = \boxed{\text{⑤}}$ 円です。

つぎに，$\boxed{\text{⑥}}$ 保険部分の保険料 P_2 を求めます。満期，この場合には $\boxed{\text{⑦}}$ 歳までに生きていたときにのみ満期保険金が支払われます。また，満期保険金を受け取るのは，加入してから5年後になりますので，現価率表の5年の期末払現価率を使います。保険料 P_2 も，$\boxed{\text{③}}$ を満たしていなければならないので，

$$\boxed{\text{①}} \times P_2 = \text{満期保険金額} \times \boxed{\text{⑦}}\ \text{歳の生存数} \times 5\text{年の期末払現価率}$$
$$= 100\text{万円} \times 97{,}979 \times \boxed{\text{⑧}} = 93{,}223{,}687{,}214$$

となります。したがって，$P_2 = \boxed{\text{⑨}}$ 円です。

養老保険は，$\boxed{\text{②}}$ 保険と $\boxed{\text{⑥}}$ 保険をあわせたものになりますので，一時払い保険料は，$P_1 + P_2 = \boxed{\text{⑩}}$ 円となります。

ここで注意すべきは，$\boxed{\text{⑩}}$ は194,464円を5倍した数値とは一致しないということです。単に5年で分割していた保険料をまとめて支払うというような考え方ではなく，保険料計算は常に $\boxed{\text{③}}$ にもとづきながら，算出する必要があります。

1980年代後半，いわゆるバブル経済の時期に，高い予定利率で販売した一時払い養老保険について，その後の低金利によって「逆ザヤ（運用利回りが予定利率を下回る）」が発生し，数多くの生命保険会社が破綻に至りました。

問題5．計算基礎率の変更【第27項に対応】

計算基礎率の変更が純保険料に及ぼす影響をまとめたのが次表です。＋は「高くなる（上昇）」，－は「低くなる（低下）」，0は「変更なし」，？は「どちらとも簡単にいえない」ことを示しています。これを参考に，カッコ内に語句を埋めて文章を完成させてください。

	予定死亡率	予定利率	定期保険	生存保険	養老保険
I	+	0	+	−	+
II	−	0	−	+	−
III	0	+	−	−	−
IV	0	−	+	+	+
V	+	+	?	−	?
VI	+	−	+	?	+
VII	−	+	−	?	−
VIII	−	−	?	+	?

　生命保険には，　①　あるいは高度障害状態になったときに保険金が支払われる　①　保険，満期時に生きていたときに保険金が支払われる　②　保険，両者の機能を合わせた　③　保険があります。上表の　④　保険は　①　保険，　⑤　保険は　③　保険です。　④　保険は「掛け捨ての保険」と呼ばれたりします。

　まず割引率である　⑥　が引き上げられると，保険種類に関係なく純保険料は　⑦　します。現在のような超低金利は，金利が高かった高度成長期に比べ，純保険料を押し上げる要因となります。つぎに　⑧　の低下は死者数が減って　①　保険金額の支払いが少なくなるので，　④　保険の純保険料は低くなります。逆に生存保険では満期時の生存者が増えて満期保険金の支払いが多くなり，純保険料は高くなります。　⑤　保険は両者をあわせた変化となります。　①　保険金の支払いが少なくなり，その分が満期保険金の増加につながるものの，保険金支払いが満期まで延びるので，それだけ純保険料は　⑨　なります。戦後，わが国では食糧事情や医療環境の改善が進み，死亡率が一貫して低下し，純粋な生存保険を除けば低料化の要因となってきました。

　実際には　⑥　と　⑧　が同時に変更されることもあり，上げ下げの方向や程度によって純保険料がどのように影響を受けるのか，一概にはわかりません（上表の下四行を見てください）。また，契約者が支払う営業保険料は純保険料と　⑩　からなっているため，　⑩　も同時に改定されると生命保険の価格比較はさらに難しくなります。

問題6．地震保険【第33項に対応】

地震保険に関する次の文章をもとに以下の問いに答えてください。

(1) なぜ火災保険（住宅総合保険）は地震による火災などの損害は，免責事由とされているのでしょうか。

(2) なぜ地震保険は，火災保険とセットで加入しなければならないのでしょうか。

(3) なぜ地震保険は全社共通の補償内容なのでしょうか。

　火災保険（住宅総合保険）の契約内容（普通保険約款）をみると，「地震もしくは噴火またはこれらの津波」により発生した損害は，保険金をお支払いしないとしています。保険会社が保険給付の責任を免れることから免責と呼ばれています。保険法では，「保険契約者または被保険者の故意または重大な過失」と「戦争その他の変乱」によって生じた損害を免責事由とされていますが（第17条第1項），地震については規定がありません。免責条項は保険事故すなわち保険金を支払う場合に該当する事実が発生しても，例外的に保険会社が保険給付義務を負わない事由と理解されています。これをあてはめてみると，火災保険においては本来火災によって生じた損害を保険会社がてん補する責任を負うが，地震を原因とする火災損害については例外的に責任を負わないことになります。それではなぜ地震による火災を除外しているのでしょうか。

　(1)のポイントは，大数の法則が十分に働かないこと，大規模な地震の場合，損害が巨大（集積損害）になりうること，地震リスクの高い地域や時期に保険加入が集中する逆選択が起こることです。（250字程度でまとめてください。）

①

　実は，1890年に公布された旧商法は，「…震災の危険は，同時に火災の起こりたると否とを問わず，之を火災の危険と同視する…」と規定し，保険会社は地震損害をてん補する責任を負っていました。旧商法公布の10年ほど前，震災に備える火災保険の必要性が認識され，国営の強制保険制度が検討されたものの，実現しませんでした。また，民営の震災保険も実施されることなく，1899年の改正商法で震災は削除されました。

　保険契約の免責条項は，保険会社を保護する側面があります。大地震が発生すると，地震免責条項は不当であり契約は無効であるとし，保険金の支払いを求めて訴訟が起こりました。なかでも1923年の関東大震災における訴訟は社会問題に発展しました。損害保険会社は，被害を受けた保険金額の約5パーセントを見舞金として支払いました。見舞金の大部分は政府からの借金で，その返済に27年もかかりました。

　地震保険は単独では加入できません。原則火災保険（住宅総合保険）とセットで加入しますが，契約者に特別の事情があり地震保険を付帯しない意思表示を行えば付帯しなくてすみます。これを「原則自動付帯」といいます。火災保険の加入時に地震保険を契約しなかった場合でも，火災保険の契約期間内であれば，後から契約することができます。2021年度末の付帯率は69.0％です。なお地震保険制度が創設された当時は，住宅総合保険と店舗総合保険に必ず地震保険とセットで加入する「自動付帯」方式でした。現在の制度になったのは1980年の改定によるものです。

　(2)のポイントは，地震保険の普及にあります。地震保険を単体で販売するよりもコストを抑えることができます。また地震保険だけ加入することができないようにすることで，逆選択を防ぐことが期待されます。（120字程度にまとめてください。）

②

地震損害は巨額の保険金を支払う可能性があるため，政府が再保険を通じてバックアップしています。政府の責任額は現在，11兆7,713億円で，保険会社の責任額と合計すると，1回の地震保険金の総支払限度額は12兆円です。

(3)のポイントは，各社が独自の保険を作成し，政府が個別に再保険を行うよりも，全社共通の保険を作成し，日本再保険株式会社が保険料を集約・管理し，政府に再保険を行うほうが合理的であると考えられます。また，1966年「地震保険に関する法律」の第1条に，地震保険法の目的は「地震等による被災者の生活の安定に寄与すること」と定めています。つまり，地震保険は基礎的な補償を提供する公共性の高い保険です。契約者間の公平性の観点からも，全社共通の補償内容が望ましいと考えられます。このように，地震保険は市場の要素（自助努力による各種の割引制度）と社会的な連帯の要素（緩やかな地域別保険料，再保険による支援）が含まれ，バランスを取ることが大切です。(150字程度でまとめてください。)

③

問題7．分散投資の原理【第38項に対応】

投資銘柄をいくつか組み合わせてポートフォリオを作って，投資のリスクを軽減する原理について考えていきましょう。下記の①〜③には式を，④・⑤には式と答えを，⑥には文を入れて，リスク分散に関する文章を完成させてください。

いま，株式 n のリターン（期待値）が r_n，リスク（分散）が σ_n^2，投資割合が w_n のとき（$n=1, 2$），ポートフォリオのリターン（期待値）は

$$\mu_p = w_1 r_1 + w_2 r_2 \qquad \cdots\cdots 式①$$

として計算できます。一方で，ポートフォリオのリスク（分散）は，株式1と株式2の相関係数を ρ_{12} と表せば

$$\sigma_p^2 = w_1^2 \sigma_1^2 + w_2^2 \sigma_2^2 + 2 w_1 w_2 \sigma_1 \sigma_2 \rho_{12} \qquad \cdots\cdots 式②$$

となります。

　株式１のリターンが２％，リスクが16，株式２のリターンが８％，リスクが36とします。そして，株式１と株式２を組み合わせてポートフォリオをつくります。このとき，この株式ポートフォリオのリターン，リスクはどうなるかを考えます。株式１と株式２に資金を50％ずつ投資したときには，式①に値を代入して

$$\mu_p = 0.5 \times 2\% + 0.5 \times 8\% = 5.0\%$$

となります。それでは，株式１に60％，株式２に40％投資した時はどうでしょうか。

$$\mu_p = \boxed{\phantom{\hspace{8cm}}①} = 4.4\%$$

です。株式１の投資比率を50％から60％に高くすると，図表の点Ｃから点Ｄへと点Ａ（株式１）に近づきました。

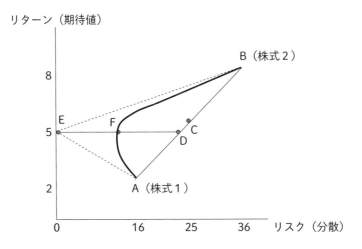

　リターンの低い株式１の投資比率を高めたので，ポートフォリオのリターンが低下するのは当然です。投資比率を変えると，ポートフォリオのリターンは直線 AB 上を移動しますが，それに合わせてリスクも変わっています。いまの場合も小さくなっているのがわかります。

　しかし，ポートフォリオのリスクがどう変化するかは，株式１と株式２の変動の相互関係，すなわち相関係数によって異なります。式②はそのことを表し

ています。式②は相関係数 $\rho_{12}=1$ （完全な正の相関）のとき A^2+B^2+2AB の形をしています。因数分解すれば $(A+B)^2$ です。したがって，完全な正の相関のときポートフォリオのリスクは，

$$\sigma_p^2=(w_1\sigma_1+w_2\sigma_2)^2$$

です。<u>カッコ内の σ_1 と σ_2 は一次の数，すなわち分散の平方根（ルート）をとった標準偏差であることに注意してください。</u>同じように完全な負の相関（$\rho_{12}=-1$）のときは，

$$\sigma_p^2=\boxed{\qquad\qquad②\qquad\qquad}$$

相関係数がゼロ，すなわち無相関のときは，

$$\sigma_p^2=w\boxed{\qquad\qquad③\qquad\qquad}$$

となります。株式1に60％，株式2に40％を投資したとき，それぞれの相関係数に対応したポートフォリオのリスクを求めましょう。

<u>相関係数が1のとき</u>　　$\sigma_p^2=(0.6\times4+0.4\times6)^2=23.04$

<u>相関係数が-1のとき</u>　$\sigma_p^2=\boxed{\qquad\qquad④\qquad\qquad}$

<u>相関係数が0のとき</u>　　$\sigma_p^2=\boxed{\qquad\qquad⑤\qquad\qquad}$

となります。

　相関係数が1のときは点D，相関係数が0の時は点F，相関係数が-1のときは点Eとなります。負の相関が強まるほど点D→点F→点Eへと移動し，ポートフォリオのリスクは減少しています。しかも，株式1と株式2が無相関でもポートフォリオのリスクは完全な正の相関に比べて半分に減少します。さらに $\boxed{\qquad\qquad⑥\qquad\qquad}$ となり，相関係数がリスク削減に及ぼす影響の大きさが理解できます。

　投資比率を細かく変えていけば，株式1と株式2が完全な正の相関関係にあるときには，ポートフォリオのリターン・リスクの組み合わせは直線 AB 上を，完全な負の相関のときには折れ点線 AEB 上を動きます。また，無相関のときには弧 AFB 上を動きます。相関係数は-1と1の間の値をとりますので，ポートフォリオの可能性のあるすべてのリスク・リターンの組み合わせが△AEB 内にあります。

問題8. 金利平価仮説【第42項に対応】

為替の先物レートは，国内外の金利差によって決まってきます。ここでは，数値例を用いて具体的に考えてみます。①，②，④，⑫には語句を，⑤，⑦，⑫には定義式にもとづく式を，③，⑥，⑧，⑨，⑩，⑪，⑬には数値を埋めてください。

円高が進むと予想されたとき，輸出業者D社はどのような為替先物取引を行えば良いでしょうか。

D社は ① 建てで売買契約を結んでいて円高が進み，たとえば1ドル100円が90円になれば，円建ての売り上げ代金が100億円から90億円に減り ② が発生してしまいます。もし先物で1ドルを ③ 円で ④ おけば， ③ 億円で売り上げ代金を固定できます。したがって，3億円の損失に抑えることができます。これによってD社は為替変動によるリスクをヘッジできます。

為替の先物レートは，理論的にどのような水準に決まるのでしょうか。金利平価仮説に従えば，日本の年金利が5％，米国の年金利が10％のときには，1ドル＝95.45円になります。この95.45円は

　　　直物レート×(1＋円金利)÷(1＋ドル金利)

によって求められます。また直先スプレッドは直物レートと先物レートの差のことです。この場合であれば，100－95.45＝4.55円です。

日米の金利が以下のように変化したケースについて，為替の先物レートと直先スプレッドを計算ください。なお，小数点以下3桁目を四捨五入してください。

ケース1：米国の金利は10％のまま変化しないで，日本の金利が2％になったとき，

　　　　 ⑤ ＝ ⑥ 円

ケース2：米国の金利は10％のまま変化しないで，日本の金利が8％になったとき，

　　　　 ⑦ ＝ ⑧ 円

米国の金利が日本の金利よりも高い場合，先物レート＜直物レート（ディスカウント）の状態にあります。このように金利の高い通貨は，低い通貨に対してディスカウントになります。ケース1の直先スプレッドは $\boxed{\quad ⑨ \quad}$ 円，ケース2は $\boxed{\quad ⑩ \quad}$ 円となります。日米の金利差が8％から2％に縮小したとき，直先スプレッドも $\boxed{\quad ⑪ \quad}$ 円だけ小さくなっています。このように直先スプレッドは二国間の金利差を反映することになります。

最後に，日米の金利が逆転して日本の方が高くなった場合について確認しましょう。

ケース3：日本の金利が5％のまま変化しないで，米国の金利が2％になったとき，

$$\boxed{\qquad\qquad ⑫ \qquad\qquad} = \boxed{\quad ⑬ \quad} \text{円}$$

ケース3では先物レート＞直物レート（プレミアム）となり，直物レートと先物レートの関係が逆転することを確認できます。

問題9．先物価格【第43項に対応】

先物は将来の価格変動に備え，現在の時点で売買価格を決めておいてリスクをヘッジするものです。それでは，先物の理論価格はどのようにして決まるのでしょうか。以下の①〜⑧に適切な数値を入れて，文章を完成させてください。

先物価格（F）は $F = S_0 \times (1+i)$ で決まります。ここで S_0 は現在の価格，i は金利です。現在のA社の株価が1,000円，年金利が12％だとします。このとき，三か月物の先物価格はいくらになるでしょうか。適切な数値を入れてください。

$$F = 1,000 \times (1 + \boxed{\quad ① \quad}) = \boxed{\quad ② \quad} \text{円}$$

となります。ここで年金利を3か月の金利に調整することを忘れないでください。

つぎにA社で株式配当がある場合を考えてみましょう。いま配当利回りを y とします。このとき先物価格は $F = S_0 \times (1+i-y)$ となります。複製資産で先物価格を求めたとき，金利は借入コストでした。配当がもらえる場合には，その分だけ借入コストが安くなるので，配当利回りを引くことになります。年配

当利回りが 8 ％のとき，A社の三か月物の先物価格はどうなるでしょうか。

$$F = 1{,}000 \times (1 + \boxed{\quad ③ \quad}) = \boxed{\quad ④ \quad} 円$$

と $\boxed{\quad ⑤ \quad}$ 円安くなりました。このように配当は先物価格を引き下げる要因となります。

　最後に，商品先物についてみてみましょう。商品はコモディティとも呼ばれます。金・銀のような貴金属，原油，小麦などの穀物等々の先物があります。世界初の商品先物の取引所は1730年に江戸幕府によって公認，整備された「堂島米会所」とされています。堂島米会所は，1848年設立のシカゴ商品取引所設立に大きな影響を与えました。

　金融先物は1980年代以降，金融自由化の進展とともに急速に発展していきますが，もともとは商品先物の方が起源としては古いわけです。なお，オプションの起源は，古代ギリシャにまで遡るとされています。哲学者ターレスは，天文学の知識からオリーブが翌年には豊作となることを予見し，オリーブの絞り機を借りる権利をあらかじめ買っておきました。翌年，オリーブは豊作となり，オリーブ搾り機の需要は拡大，借入料が上昇します。ターレスは，オリーブ絞り機を約束どおりの値段で借り入れ，借り入れた値段より高い値段で人々に貸し出して，大きな利益を手に入れたといわれています。

　話を元に戻しますと，商品は金融商品とは異なり，実際に実物を倉庫などで保管するための保管費用（s）がかかります。一方で，品薄での価格上昇といった実物を所有することによる利益であるコンベニエンス・イールド（c）が発生します。したがって，商品の先物価格は $F = S_0 \times (1 + i + s - c)$ となります。

　小麦の現在の価格がトン当たり5,000万円とします。年金利が 6 ％，保管費用が年金利に直すと 4 ％，コンベニエンス・イールドは年金利で 8 ％とします。このとき，小麦の半年物の先物価格はいくらになるでしょうか。今度は半年物であることに注意して下さい。

$$F = 5{,}000万円 \times (1 + 0.03 + \boxed{\quad ⑥ \quad} - \boxed{\quad ⑦ \quad}) = \boxed{\quad ⑧ \quad} 万円$$

となります。

問題10. 債券価格【第46項に対応】

　債券価格と金利とが反比例の関係にあることを実際に計算問題を解くことで

理解していきます。以下の⑥と⑱には語句を，⑬〜⑮には式を，それ以外には数値を入れて文章を完成させてください。なお，数値は小数点以下3桁目を四捨五入してください。

利付債は，毎期クーポンが支払われ，満期時にクーポンに加えて元本が支払われるタイプの債券です。利付債の価格は，クーポン，元本を現在価値に割り戻して合計します。式で表すと次のようになります。C：クーポン，Q：元本（償還価格），r：金利，n：満期（償還）期間です。

$$P=\frac{C}{1+r}+\frac{C}{(1+r)^2}+\frac{C}{(1+r)^3}+\cdots+\frac{Q+C}{(1+r)^n} \qquad \cdots\cdots式(1)$$

割引債はクーポンがありませんので，ゼロクーポン債ということもあります。利付債に比べるとクーポンがない分，債券価格の計算は簡単明瞭です。式は，

$$P=\frac{Q}{(1+r)^n} \qquad \cdots\cdots式(2)$$

となります。元本10億円の満期期間1，5，10年の割引債の価格を計算します。金利が1%とします。小数点以下3桁目を四捨五入してください。

　　1年満期：$10\div(1+0.01)=9.90$億円

です。エクセルで次のような表を作って確認してください。B4のセルに，=B3/(1+B2)^B1という式を挿入しておきます。

	A	B
1	満期期間	1
2	金利	0.01
3	元本	10
4	債券価格	9.90

それでは，この表を使って満期期間を5年，10年に変更してください。

　　5年満期：$10\div(1+0.01)^5=$ 　①　 億円

　　10年満期：$10\div(1+0.01)^{10}=$ 　②　 億円

となります。このように償還までの期間が長いほど，ディスカウントが大きくなります。

続けて，金利が２％に上昇した場合にどのようになるかをシミュレーションしてください。割引債の価格は１年物が ③ 億円，５年物が ④ 億円，10年物が ⑤ 億円になります。このように金利が上昇すると債券価格は ⑥ します。

つぎに１年物，５年物，10年物の価格下落率を計算してみましょう。１年物の下落率は（ ③ −9.90）/9.90×100＝ ⑦ ％です。同様に５年物，10年物の下落率は ⑧ ， ⑨ となり，長期債の下落率が10倍くらい大きいことがわかります。

これは複利の効果によるものです。金利（正確には期待インフレ率を調整した実質金利）は，現在と将来の貨幣価値の交換比率です。その変動，たとえば金利の上昇は，現在の消費を控えて貯蓄し，将来の消費に回すというように人々の経済行動に影響を与えることになります。

つぎにコンソル債の価格を求めます。コンソル債は，クーポンが永久に支払われるので永久債とも呼ばれます。コンソル債の価格は，クーポンの割引現在価値の合計なので

$$P = \frac{C}{1+r} + \frac{C}{(1+r)^2} + \frac{C}{(1+r)^3} + \cdots \qquad \cdots\cdots 式(3)$$

です。式(3)は無限等比数列の和となっています。

無限等比数列とは最初の数値（初項といいます）に，同じ数値（公比といいます）がかかっている数値の並びのことです。

$$1, \frac{1}{2}, \frac{1}{4}, \frac{1}{8}, \frac{1}{16} \cdots$$

を見てください。これは初項が１，公比が $\frac{1}{2}$ の無限等比数列です。この無限等比数列の和（無限等比級数といいます）を求めましょう。

$$S = 1 + \boxed{\frac{1}{2} + \frac{1}{4} + \frac{1}{8} + \frac{1}{16} + \cdots} \qquad \cdots\cdots 式(4)$$

式(4)の両辺に公比の $\frac{1}{2}$ をかけます。

$$\frac{1}{2}S = \boxed{\frac{1}{2} + \frac{1}{4} + \frac{1}{8} + \frac{1}{16} + \cdots} \qquad \cdots\cdots 式(5)$$

となります。式(4)と式(5)の右辺を見比べてください。右に１つずつずれて ☐ の

部分が重なっています。したがって式(4)の両辺から式(5)の両辺を引きます。

$$S-\frac{1}{2}S=1 \qquad \qquad \cdots\cdots式(6)$$

このように $\frac{1}{2}S=1$ となって S は2となります。無限に数値が続くので総和が求められないような気がするかもしれませんが、このようにして無限等比級数を求めることができます。これをイメージ化したのが下の図です。総和が2になることが直観的にわかります。しかし、無限等比級数が有限の値に収束するのは－1＜公比＜1の場合で、それ以外のときには正または負の無限大に発散することに注意が必要です。

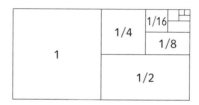

式(6)に戻りましょう。初項を a、公比 q で表すと式⑥は $S-qS=a$ となりますので、無限等比級数の公式 $S=\frac{a}{1-q}$ を導けます（一般に公比は r と表現されますが、金利の r との混同を避けるために q としています）。回り道をしましたが、コンソル債は初項が $\frac{C}{1+r}$、公比が $\frac{1}{1+r}$ ですから、これを上の公式に代入すればコンサル債の価格式

$$P=\frac{C}{r} \qquad \qquad \cdots\cdots式(7)$$

となります。

クーポン10億円のコンソル債の価格は、金利が1％のとき ⑩ 億円、2％のときは ⑪ 億円となり、その下落率は ⑫ ％にもなります。満期がある利付債に比べて満期のないコンソル債の下落率は比べものにならないほど大きなことが確認できます。

債券価格は金利とは反比例の関係にあることがわかりました。すなわち、金利が上昇（下落）すると債券価格は下落（上昇）します。さらに、満期までの期

間が長いほどその変動率は大きい，すなわち，長期債ほど金利リスクが大きいことがわかりました。

【発展問題：理論株価】

理論株価（ファンダメンタルズ価格）を計算する際にも無限等比級数の公式を使います。

いま，企業の株主配当を $\tilde{D}$ で表します（文字の上に〜がついているのは株主配当が企業業績によって変動するので，クーポンとは区別するためです。債券は確定利付きの場合にはクーポンが変動することはありませんので C で表しました）。

債券は金利で割り引きましたが，株主配当は変動しますので，金利にリスクプレミアム ρ を加えて割り引きます。また株主配当はコンソル債のクーポンと同じように，その企業が倒産しない限り永久に請求する権利があります（もちろん，株式を売却すればその権利を失いますが）。

いま X 社が成長せず株主配当が $\tilde{D}$ で一定であれば，X 社の理論株価 P_1 は

$$P_1 = \frac{\tilde{D}}{1+r+\rho} + \frac{\tilde{D}}{(1+r+\rho)^2} + \frac{\tilde{D}}{(1+r+\rho)^3} + \cdots \qquad \cdots\cdots式(8)$$

となります。これは初項 $\dfrac{\tilde{D}}{1+r+\rho}$，公比 $\dfrac{1}{1+r+\rho}$ の無限等比級数ですから，$P_1 = \boxed{\quad ⑬ \quad}$ となります。

この X 社が新商品の開発で業績があがり，株主配当が $g\%$ で増えるときは，株価 P_2 はどうなるでしょうか。

$$P_2 = \frac{\tilde{D}}{1+r+\rho} + \frac{\tilde{D}\times(1+g)}{(1+r+\rho)^2} + \frac{\tilde{D}\times(1+g)^2}{(1+r+\rho)^3} + \cdots \qquad \cdots\cdots式(9)$$

というように分子の配当に成長率 $(1+g)$ がかかってきます。式(9)を式(8)と比べると，初項は同じですが，公比が $\dfrac{1}{1+r+\rho}$ から $\boxed{\quad ⑭ \quad}$ に代わっていることがわかります。したがって，企業が成長するときの理論株価 $P_2 = \boxed{\quad ⑮ \quad}$ となります。

金利が年 7 ％，リスクプリミアムが年 3 ％のとき，今期の一株当たりの配当

が100円だったＹ社が今後毎年５％成長していくと予想されるとします。このときＹ社の理論価格は，　⑯　円です。もし新規事業の開拓で成長率がさらに８％まで高まると予想が変化したとき，理論株価は　⑰　円に　⑱　します。このように企業の成長は株価の　⑱　をもたらし，経済に良い影響を及ぼすことが理解できます。

問題11．デュレーション【第47項に対応】

問題10では満期までの期間が長いほど，金利変化が債券価格の変動に及ぼす影響が大きい，すなわち，金利リスクが大きいことが確認できました。それでは，金利リスクの大きさはどのように計測するのでしょうか。それが修正デュレーションです。具体的な数値例を用いて計算していきましょう。①，③，⑤には定義式にならって式を，⑨，⑫，⑬には語句を，②，④，⑥，⑦，⑧，⑩，⑪には数値を入れてください。（小数点以下３桁目を四捨五入してください。）

いま期間が５年，毎年のクーポンが10万円，償還額が1,000万円の利付債があります。利付債の価格（P）は

$$P = \frac{C}{1+r} + \frac{C}{(1+r)^2} + \frac{C}{(1+r)^3} + \cdots + \frac{Q+C}{(1+r)^n}$$

でした。この場合，C が10万円，Q が1,000万円，n が５年になります。

金利が１％，２％，３％のとき，この債券の価格はいくらかを計算してみましょう。また，そのとき債券価格はどうなるかをみていきましょう。

金利１％のとき	①	＝	②	万円
金利２％のとき	③	＝	④	万円
金利３％のとき	⑤	＝	⑥	万円

金利が１％のときは，クーポンレートと割引金利が等しいので，債券価格は償還額に等しくなります。金利が１％から２％に上昇したときの債券価格の変化率は（　④　－　②　）／　②　×100＝　⑦　％となります。つぎに，金利が２％から３％に上昇したときは，（　⑥　－

    ④   ）／   ④   ×100＝   ⑧   ％です。求めた   ⑦ ，

   ⑧   が修正デュレーションです。金利が１％上昇した時に債券価格が

何％   ⑨   したかを表しています。

    毎年のクーポンが10万円のコンソル債があるとすると，金利が１％から２％，２％から３％に上昇したときの債券価格の下落率は   ⑩   ％，   ⑪   ％になります。

    これらの計算から確認できたことは，第一に長期債の方が短期債よりも修正デュレーションの絶対値（下落幅）が   ⑫   ということです。第二に，金利水準が上昇するにつれて，修正デュレーションは   ⑬   なります。これは47項にある，金利と債券価格の関係を表したグラフが原点に凸の双曲線の形になっていることからもわかります。

問題12. イミュナイゼーション【第48項に対応】

    銀行，保険会社などの金融機関は金利変化によって，資産価値・負債価値が変動します。ここでいう価値は資産，負債とも時価のことです。そして，資産価値と負債価値の差額である純資産が金利変化によって変動しないようにするのが，イミュナイゼーション戦略です。以下の文章を読みながら，具体的にどのように純資産の変動を抑えるのかを考えていきましょう。①，②，③，④には語句を，⑤，⑥，⑦，⑧には数値を，⑨には式を埋めてください。割り切れない場合は，四捨五入して小数点一位まで答えてください。

    本文では銀行を例に説明してきました。しかし，一般的に生命保険会社は銀行とは逆に負債のマコーレーのデュレーションの方が資産のマコーレーのデュレーションよりも長くなっています。（修正）デュレーションはマコーレーのデュレーションでほぼ近似できます。以下では両者をとくに区別しないで単にデュレーションとして話を進めます。したがって，生命保険会社の場合には，金利が上昇すると，   ①   の   ②   幅が   ③   のそれより大きいので純資産は   ④   します。逆に金利が下落すると   ①   の   ④   幅が   ③   のそれよりも大きいので純資産は   ②   します。

資産のデュレーションが5年，市場価値ベースの自己資本比率が10%である生命保険会社S社があります。S社は，金利が変動しても自己資本が変動しないようにしたいと考えています。S社は負債のデュレーションは何年にすれば良いでしょうか。

イミュナイゼーションを行う際には，

「資産のデュレーション」=「負債のデュレーション」×「資産負債比率」である必要がありました。資産負債比率は負債額/資産額のことです。したがって，5=「負債のデュレーション」× ⑤ となります。（自己資本比率10%は，「資産負債比率」が ⑤ のことです。）これを解けば負債のデュレーションを ⑥ 年にすれば良いことがわかります。

S社の資産が10兆円だとすると，負債は9兆円です。金利が上昇すると資産は5,000億円（=10兆円×5%）減少します。もし，負債のデュレーションが資産と同じ5年ならば ⑦ 億円の減少であり，結果として ⑧ 億円の自己資本が減少してしまいます。したがって5年に「資産額/負債額」，あるいは「1/（1- ⑨ ）」をかけただけ，負債のデュレーションを長くする必要があります。

実際には，生命保険会社にとって所与なのは負債のデュレーションです。なぜなら，そのもとになる生命保険契約の保障期間は保険契約者が決めるからです。終身保険や年金保険の満期までの期間は非常に長いです。たとえば，負債のデュレーションを30年とした場合，S社は資産のデュレーションをどのように設定すべきでしょうか？「資産のデュレーション」=30× ⑤ なので ⑩ です。負債に合わせてマッチング運用するには長期債への投資が必要になります。一方で，低金利下で長期債を大量に抱えることは将来の利益を低位に固定することにつながるおそれもあります。

問題13. イールドカーブ【After Class ③に対応】

イールドカーブは，満期期間と金利水準の関係を見たものです。通常は満期期間が長いほど金利が高いので，右上がりの関係です。イールドカーブには，経済の先行きを投資家がどのように考えているのかを映し出す鏡です。割引債の金利を以下の①〜④，⑧に数値を，⑤〜⑦に語句を入れてください。数値は

四捨五入して小数点第4位まで求めてください。

　満期1年，満期（償還）額1円の割引債Aがあるとします。いまこの1年物割引債を0.98円で購入すると金利 $r(1)$ は

　　$0.98 \times (1 + r(1)) = 1$

ですから，

　　$r(1) = 1 / 0.98 - 1 =$ 　①

となります。今度は満期2年，満期（償還）額1円の割引債Bが0.96円しているとします。このとき，2年物割引債の金利 $r(2)$ はいくらになるでしょうか。上記の1年物金利 $r(1)$ と区別するために $r(2)$ と表しています。

　　$0.96 \times (1 + r(2))^2 = 1$

ですから，

　　$r(2) = \sqrt{\dfrac{1}{0.96}} - 1 =$ 　②

となります（2乗の数をもとの一次の数に戻すには平方根をとります）。

　上を踏まえて，クーポンが10円，満期（償還）額が100円，2年満期の利付債の価格を考えると，この利付債は割引債Aを 　③ 　枚，割引債Bを 　④ 　枚購入しているとみなせます。ここで満期時にはクーポンと償還金の両方とも返ってくることには注意してください。

　このように考えてくると，われわれは期間別の金利 $r(T)$ がわかっていれば良いことに気づきます。なお T は満期期間を表します。この金利はスポット・レートと呼ばれます。したがって，イールド・カーブといえば，期間別にみた割引債のスポット・レートである「ゼロ・クーポン・イールド・カーブ」のことを指します。

　イールドカーブ（利回り曲線）は，縦軸に割引債のスポット・レート，横軸に満期期間をとったグラフです。イールドカーブは，期間の長短が生み出すスポット・レートと期間の関係を表わす「金利の期間構造（タームストラクチャー）」を分析するのに利用されます。将来，金利が上がる（下がる）と予想される場合には，イールドカーブが描き出す曲線は，右上がり（下がり）になります。右上がりのときを 　⑤ 　，右下がりのときを 　⑥ 　とい

います。また，上昇（下落）率が大きいと曲線の傾きは大きくなり，上昇（下落）率が小さいと曲線はフラットになります。

イールドカーブを説明する仮説としては 　⑦　 があります。長期金利は将来の短期金利の期待値で決定されるという仮説です。すなわち，裁定取引により，短期金利と長期金利の結果が等しくなるよう金利が決定されます。1年物スポット・レートが10％で，2年物のスポット・レートが12％のとき，「1年先の1年物スポット・レート」，これがフォワード・レート（f）と呼ばれるものですが，何％になるでしょうか。裁定が働くならばフォワード・レートは以下の式を満たすはずです。

$$(1+0.1)(1+f/100)=(1+0.12)^2$$

これを解くと，$f=$ 　⑧　 ％となります。（⑧は四捨五入して小数点以下1桁まで求めてください。）厳密さを欠きますが，10％と 　⑧　 ％の単純平均は12％です。来期は金利が上昇すると，市場がみていることになります。

これ以外にイールドカーブを説明する仮説としては，流動性プレミアム仮説があります。この仮説は，資金の運用期間が長くなるほど，将来に金利が変動して損失を被る可能性が大きくなるので，長期金利はリスク・プレミアムだけ短期金利よりも高くなるという仮説のことです。また，市場分断仮説は，短期金利と長期金利は，市場参加者の相違などから別々の市場として分断されていて，各期間の金利はその資金需給により決定されるという仮説のことです。

問題14. バリュー・アット・リスク【第49項に対応】

銀行，保険会社など金融機関がリスク計測において一般的に利用しているのが，バリュー・アット・リスク（VaR）です。リスク量が金額で表示されるなど，そのわかりやすさから90年代半ば以降，急速に普及しました。以下では分散共分散法による計算を実際に行ってみましょう。①には定義式にならった式を，②，③，④には数値を入れてください。なお，四捨五入して億円で答えてください。

分散共分散法によるバリュー・アット・リスク（VaR）は，
　　VaR＝（エクスポージャー）×（保有期間のボラティリティ）×（信頼係数）

で計算されます。エクスポージャーとは資産の現在価値（＝時価）のことです。融資などでは元本になります。保有期間は VaR を計測する期間，ボラティリティは資産収益率の変動率です。正規分布では標準偏差（σ）の何倍かという情報がわかれば，その値以下をとる確率がわかります。1σ であれば84％です。逆に95％の確率になるのは，$1.645 \times \sigma$の値です。この信頼水準と，σ を何倍にすれば良いかという信頼係数の関係を一覧表にしたものが次表になります。

信頼水準	84％	90％	95％	99％	99.5％	99.9％
信頼係数	1.000	1.282	1.645	2.326	2.576	3.090

　いま B 銀行が保有する株式ポートフォリオの時価総額が1,000億円で，保有期間10日間の株式ポートフォリオの変動（標準偏差）は 8 ％でした。同行の分散共分散法による保有期間10日間における99％VaR はいくらになりますか。

　　B銀行の99％VaR＝ 　　　　①　　　　 ＝ 　②　 億円

これは B 銀行が 　③　 ％の確率で最大 　②　 億円の損失を被る可能性があることを意味しています。

　同じように99.9％VaR を計算すると 　④　 億円と VaR の値は大きくなります。（規制上ではなく）ERM のような内部リスク管理において，もしB銀行が信頼水準を引き上げたとすると，より厳しい見方をとる，言い換えると保守的な立場に立つことを意味します。

■練習問題解答■

問題0. リスクマネジメント概論【第11項に対応】

(1) リスク保有の手段として（誤)⇒ リスク移転の手段として

(2) 個人がリスクを評価する場合には，たとえば，定量的なデータなどに基づいて，評価をするのではなく，主観的な価値判断がその評価に多分に影響します。リスク評価というより，リスク認知という言葉がよく用いられます（もちろんなかには，緻密な評価ができる人もいるかもしれませんが）。これに対して，企業のリスク評価は，定性的・定量的手法に基づき，リスクを評価し，リスク対応策を検討します。

(3) 初期のリスクマネジメントは伝統的リスクマネジメントとも呼ばれることがありますが，主に企業の阻害要因となるマイナスの意味でのリスクに対応するリスクマネジメントでした。また，サイロ型リスクマネジメントとも呼ばれることがあり，情報がサイロのなかでのみ共有されるため，各部門でリスク対応をするようなものでした。今日のERMにおいては，リスクを全社的に共有して，リスクの総合的モニタリングを実施できるような手法がとられています。

(4) ISO31000（2018）はリスクを "Effect of uncertainty on objectives"（「さまざまな目的に対する不確かさの影響」）と定義し，以下の3つの注記を掲げています。

1：An effect is a deviation from the expected. It can be positive, negative or both, and can address, create or result in opportunities and threats. （1：影響とは，期待されていることから乖離することを指します。それは，好ましいもの（プラス）／好ましくないもの（マイナス）のいずれもありうること，機会または脅威を示したり，創出したり，結果としてもたらすことがありえます。）

2：Objectives can have different aspects and categories, and can be applied at different levels. （2：リスクの目的は，さまざまな側面を持ち，さまざまなレベルで適用されることがあります。）

3：Risk is usually expressed in terms of risk sources, potential events, their consequences and their likelihood. （3：リスクは，一般に，リスクの源，起こりうる事象，およびそれらの結果ならびに起こりやすさとして表されます。）

かつては，好ましくないものや危害を想定することがリスクを考えるにあたって明記されていました。今は好ましい結果やプラスもありうることがリスクの定義に

含まれています。

　他方，COSO-ERM（2004）では "Risk is the possibility that an event will occur and adversely affect the achievement of objectives." (「リスクとは組織の目的達成に負の影響を与えるもの」として定義されています。正の影響を与えるものを「機会」，負の影響を与えるものを「リスク」と呼び，これらを合わせて，イベント（事象）と表記されていました。COSO-ERM（2017）では，"Risk is the possibility that events will occur and affect the achievement of objectives." (「リスクとは，事象が発生し，（事業の）さまざまな目標の達成に影響を与える可能性のこと」）と定義されています。

問題1．リスクの計測【第13項に対応】

① 　$-20 \times 0.05 - 10 \times 0.15 + 0 \times 0.45 + 10 \times 0.2 + 20 \times 0.15$

② 　2.5

③ 　$\sqrt{(-20-2.5)^2 + (-10-2.5)^2 + (0-2.5)^2 + (10-2.5)^2 + (20-2.5)^2}$

④ 　10.4

⑤ 　$-20 \times 0.01 - 10 \times 0.05 + 0 \times 0.60 + 10 \times 0.33 + 20 \times 0.01$

⑥ 　2.8

⑦ 　$\sqrt{(-20-2.8)^2 + (-10-2.8)^2 + (0-2.8)^2 + (10-2.8)^2 + (20-2.8)^2}$

⑧ 　6.2

⑨ 　D社

問題2．大数の法則【第15項に対応】

① 　$0.00024 \times 10{,}000{,}000 + 0.99976 \times 0$

② 　2,400

③ 　24,000

④ 　10,000,000

⑤ 　（解答例）

　この保険の加入者が少ない場合，生命表の死亡率と加入者の死亡率が等しくなることに対する信頼性は低いが，「大数の法則」により，加入者が増えるほど，予想の結果と実際の結果が近似する，すなわち生命表の死亡率と加入者の死亡率が等しくなることに対する信頼性が高くなり，この保険の収支が安定することが期待されるため。

問題3. 期待効用仮説【第17項に対応】

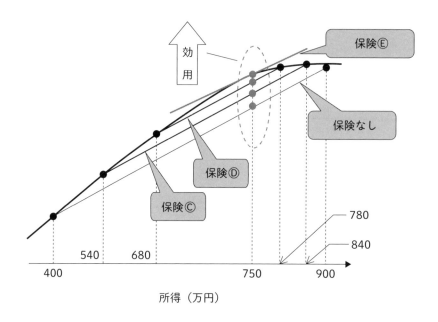

所得（万円）

① $0.7 \times 9,000,000 + 0.3 \times 4,000,000$

② 750

③ $0.7 \times \sqrt{9,000,000} + 0.3 \times \sqrt{4,000,000}$

④ 2,700

Ⓐ $\sqrt{7,500,000 - \beta}$

⑤ 21

⑥ 150

⑦ 7,500,000

⑧ 7,500,000

⑨ 同じ

⑩ 2,739

⑪ 大きい（高い）

⑫ 5,400,000

⑬ 7,800,000

⑭　Ⓓ

⑮　500

問題4．保険料の計算【第27項に対応】

①　98,434

②　定期

③　収支相等の原則

④　443.554555

⑤　4,506

⑥　生存

⑦　35

⑧　0.951466

⑨　947,068

⑩　951,574

問題5．計算基礎率の変更【第27項に対応】

①　死亡

②　生存

③　生死混合

④　定期

⑤　養老

⑥　予定利率

⑦　低下

⑧　予定死亡率

⑨　低く

⑩　付加保険料

問題6．地震保険【第33項に対応】

解答例

①　地震による火災などの損害を火災保険の免責事由とするのは，次の３つの要因
　　により地震リスクの保険化が難しいという保険技術的な理由による。第１に，地

震の発生頻度や強度を正確に予測することが困難であることにくわえて，広域に損害をもたらすため，リスク分散が難しく，したがって大数の法則が働きにくい。第2に，大規模な地震は損害が巨大となるため，再保険などのバックアップがなければ，保険会社は大規模地震損害に対する保険金給付の責任を果たすことが難しい。第3に，地震リスクは地域によって異なるため，リスクの高い地域の住民が積極的に地震保険に加入し，また地震活動が活発な時期に加入する地域または時間的な逆選択が発生して，リスクが集中することが懸念される。

② 地震保険を火災保険とセットで加入する理由は2つある。地震保険を普及させるためには，既存の火災保険とセットで加入したほうが，地震保険単独で販売するよりもコストを抑えることができる。また，強制付帯よりは効果は劣るものの，火災保険に地震保険を原則自動付帯とすることで，逆選択を防ぐ効果を見込むことができる。

③ 地震保険の補償内容が全社共通である理由は，地震保険制度が地震等の被災者の生活の安定を支援するために基礎的な補償を提供することを目的とする民間保険会社と国の共同事業であり，公共性の高い事業だからである。この目的を達成するためには，各社が独自の保険を作成し，政府が個別に再保険するよりも，全社共通の保険を作成し，日本再保険株式会社が保険料を集約・管理し，政府が再保険で支える仕組みのほうが合理的である。

問題7．分散投資の原理 【第38項に対応】

① $0.6 \times 2\% + 0.4 \times 8\%$

② $(w_1 \sigma_1 - w_2 \sigma_2)^2$

③ $w_1^2 \sigma_1^2 + w_2^2 \sigma_2^2$

④ $(0.6 \times 4 - 0.4 \times 6)^2 = 0$

⑤ $(0.6 \times 4)^2 + (0.4 \times 6)^2 = 11.52$

⑥ 完全に負の相関関係にあるときには，ポートフォリオのリスクは0

問題8．金利平価仮説 【第42項に対応】

① ドル

② 為替差損（損失も可）

③ 97

④　売って

⑤　$100 \times (1 + 0.02) \div (1 + 0.1)$

⑥　92.73

⑦　$100 \times (1 + 0.08) \div (1 + 0.1)$

⑧　98.18

⑨　7.27

⑩　1.82

⑪　5.45

⑫　$100 \times (1 + 0.05) \div (1 + 0.02)$

⑬　102.94

問題 9. 先物価格【第43項に対応】

①　0.03

②　1,030

③　0.01

④　1,010

⑤　20

⑥　0.02

⑦　0.04

⑧　5,050

問題10. 債券価格【第46項に対応】

①　9.51

②　9.05

③　9.80

④　9.06

⑤　8.20

⑥　下落（低下）

⑦　－1.01

⑧　－4.73

⑨　－9.39

⑩　1,000

⑪　500

⑫　-50

⑬　$\dfrac{\widetilde{D}}{r+\rho}\left(=\widetilde{D}\diagup(1+r+\rho)\div(1-(1\diagup 1+r+\rho))\right)$

⑭　$\dfrac{1+g}{1+r+\rho}$

⑮　$\dfrac{\widetilde{D}}{r+\rho-g}$

⑯　2,000

⑰　5,000

⑱　上昇

問題11．デュレーション【第47項に対応】

①　$\dfrac{100{,}000}{(1+0.01)}+\dfrac{100{,}000}{(1+0.01)^2}+\dfrac{100{,}000}{(1+0.01)^3}+\dfrac{100{,}000}{(1+0.01)^4}+\dfrac{10{,}100{,}000}{(1+0.01)^5}$

②　1,000

③　$\dfrac{100{,}000}{(1+0.02)}+\dfrac{100{,}000}{(1+0.02)^2}+\dfrac{100{,}000}{(1+0.02)^3}+\dfrac{100{,}000}{(1+0.02)^4}+\dfrac{10{,}100{,}000}{(1+0.02)^5}$

④　952.87

⑤　$\dfrac{100{,}000}{(1+0.03)}+\dfrac{100{,}000}{(1+0.03)^2}+\dfrac{100{,}000}{(1+0.03)^3}+\dfrac{100{,}000}{(1+0.03)^4}+\dfrac{10{,}100{,}000}{(1+0.03)^5}$

⑥　908.41

⑦　-4.71

⑧　-4.67

⑨　下落（低下）

⑩　-50

⑪　-33.33

⑫　大きい

⑬　小さく

問題12. イミュナイゼーション【第48項に対応】

① 負債

② 減少

③ 資産

④ 増加

⑤ 0.9

⑥ 5.6

⑦ 4,500

⑧ 500

⑨ 自己資本比率

⑩ 27

問題13. デュレーション【After Class ③に対応】

① 0.0204

② 0.0206

③ 10

④ 110

⑤ 順イールド

⑥ 逆イールド

⑦ 純粋期待仮説

⑧ 14.0

問題14. バリュー・アット・リスク【第49項に対応】

① 1,000 × 0.08 × 2.326

② 186

③ 1

④ 247

【リーディングリスト】

本書の内容をさらに理解するために，以下の文献をぜひ読んで下さい。

コーソー（COSO）編・日本内部統制研究学会 COSO-ERM 研究会訳，一般社団法人内部監査協会・八田進二・他監訳『COSO 全社的リスクマネジメント—戦略およびパフォーマンスとの統合』同文館出版

ジェームズ・ラム著，林康史・茶野努監訳（2016）『戦略的リスク管理入門』勁草書房

下和田功，他（2024）『はじめて学ぶリスクと保険（第5版）』有斐閣

茶野努・安田行宏編（2020）『基礎から理解する ERM—高度化するグローバル規制とリスク管理』中央経済社

中出哲・中林真理子・平澤敦監修（2018）『基礎からわかる損害保険』有斐閣

ピーター バーンスタイン著，青山護監訳（1998）『リスク—神々への反逆』日本経済新聞社（上・下文庫本あり：(2001)）

堀田一吉（2014）『現代リスクと保険理論』東洋経済新報社

森平爽一郎（2012）『金融リスクマネジメント入門』日経 BP マーケティング

柳瀬典由・石坂元一・山﨑尚志（2018）『リスクマネジメント』中央経済社

リスクマネジメント規格活用検討会編著（2019）『ISO31000：2018（JIS Q 31000：2019）リスクマネジメント　解説と適用ガイド』日本規格協会

MEMO

MEMO

MEMO

MEMO

◉著者紹介

岡田　太（おかだ・ふとし）
日本大学商学部　教授
慶應義塾大学大学院商学研究科　博士課程修了。
主著：『はじめて学ぶリスクと保険（第5版）』有斐閣（2024年4月刊行予定，共著），『生協共済の未来へのチャレンジ』東信堂（2021年，共著）など。

茶野　努（ちゃの・つとむ）
武蔵大学経済学部　教授
大阪大学大学院国際公共政策研究科　博士課程修了。
主著：『日本企業のコーポレート・ガバナンス』中央経済社（2020年，共編著），『日本版ビッグバン以後の金融機関経営』勁草書房（2019年，共編著）など。

平澤　敦（ひらさわ・あつし）
中央大学商学部　教授
一橋大学大学院商学研究科　博士課程修了。
主著：『基礎からわかる損害保険』有斐閣（2018年，共監修）など。

保険と金融から学ぶ　リスクマネジメント

2024年3月30日　第1版第1刷発行

	岡	田		太
著　者	茶	野		努
	平	澤		敦
発行者	山	本		継

発行所　㈱中 央 経 済 社

発売元　㈱中央経済グループ
　　　　パ ブ リ ッ シ ン グ

〒101-0051　東京都千代田区神田神保町1-35
電話　03 (3293) 3371 (編集代表)
　　　03 (3293) 3381 (営業代表)
https://www.chuokeizai.co.jp
印刷／昭和情報プロセス㈱
製本／㈲井 上 製 本 所

©2024
Printed in Japan

＊頁の「欠落」や「順序違い」などがありましたらお取り替えいた
しますので発売元までご送付ください。(送料小社負担)

ISBN978-4-502-49311-9　C3034